TANIA ZAGURY

PENSANDO EDUCAÇÃO
— COM OS PÉS NO CHÃO —

REFLEXÕES DE MEIO SÉCULO DE SALA DE AULA

BICICLETA AMARELA
ROCCO

Copyright © 2018 by Tania Zagury

BICICLETA AMARELA
O selo de bem-estar da Editora Rocco Ltda.

Direitos desta edição reservados à
EDITORA ROCCO LTDA.
Av. Presidente Wilson, 231 – 8º andar
20030-021 – Rio de Janeiro – RJ
Tel.: (21) 3525-2000 – Fax: (21) 3525-2001
rocco@rocco.com.br
www.rocco.com.br

Printed in Brazil/Impresso no Brasil

Coordenação editorial
BRUNO FIUZA

CIP-Brasil. Catalogação na fonte.
Sindicato Nacional dos Editores de Livros, RJ.

Z23p   Zagury, Tania
       Pensando educação (com os pés no chão) / Tania Zagury. – 1ª ed. – Rio de Janeiro: Bicicleta Amarela, 2018.

       ISBN 978-85-68696-61-3
       ISBN 978-85-68696-62-0 (e-book)

       1. Responsabilidade dos pais. 2. Pais e filhos. 3. Educação de crianças – Participação dos pais. I. Título.

17-46309   CDD-649.1
               CDU-649.1

AGRADECIMENTOS

Ao meu querido sempre primeiro leitor, Leão Zagury, pela paciência, incentivo, apoio e comentários pertinentes.

Ao caro editor, Bruno Fiuza, pelo zelo na produção, pela efetiva contribuição ao processo de finalização desta obra, e pela elegância e pelo profissionalismo com que orienta os projetos literários.

A todos os brasileiros das novas gerações, esperando contribuir para que tenham um futuro educacional qualitativamente digno, igualitário e justo.

INTRODUÇÃO

Por que pensar Educação, e por que com os pés no chão?

Decidi escrever este livro quando me dei conta de que, em dezembro de 2017, completo 50 anos. Isso mesmo! E antes que os que me conhecem pessoalmente digam ou pensem "Nossa, como ela está acabada", apresso-me a esclarecer: sim, 50 anos, mas não de idade, e sim de trabalho em Educação.

Nesse meio século de sala de aula, vi muitas reformas acontecerem – testemunhei mudanças de estrutura curricular, de metodologias, de conteúdo, de forma de avaliação etc., todo o tipo de mudanças. E com resultados duvidosos, para dizer o mínimo. Tive, em cinco décadas, a oportunidade de observar como as mudanças introduzidas por sucessivos governos pouco ou nenhum resultado qualitativo trouxeram a quem mais dele necessita – os alunos, especialmente os da rede pública de ensino. E, mesmo com tantas mudanças, desde os anos 1980 só temos tido más notícias quando o tema é qualidade do ensino no Brasil!

Essa a razão por que resolvi escrever o que presenciei, década após década de fracassos: precisamos parar e pensar, juntos, para que mais e mais pessoas saibam o que e por que isso está ocorrendo. E para que mais e mais pessoas possam analisar criticamente outras propostas que venham a ser adotadas.

O que desejo – e sei que a maioria dos professores e pais (conscientes) também deseja – é que, afinal, nossas autoridades (e parte dos especialistas da área, idem) parem de apresentar projetos e métodos educacionais divinos, maravilhosos e de vanguarda – porém totalmente distantes da realidade do Brasil – e entendam que, antes do sonho, se faz necessário, urgente e inadiável vencer etapas que são e darão base real e concreta para que se vença e supere a dura realidade da educação brasileira de hoje. Por isso e para isso é que ter os pés no chão se faz preciso! Já são décadas de derrotas: pensar criticamente a realidade do ensino se faz imprescindível!

Nesse livro vocês encontrarão análises de medidas e situações que ocorreram e/ou foram adotadas no Brasil nas últimas décadas, buscando fazer com que mais pessoas entendam o que e como aconteceram e por que não deram certo. Claro, haverá quem conteste minha forma de analisar a situação – mas isso só enriquece o debate e a reflexão sobre um dos maiores problemas brasileiros da atualidade: o fracasso do ensino.

Estudos diversos, de fontes confiáveis, não deixam margem a dúvidas. O próprio MEC/INEP atestou, em 2016, que, ao final da 5ª série, mais da metade dos alunos continua mal sabendo ler e fazer cálculos matemáticos básicos, com "pequena melhora" ao final da 9ª série. Também o movimento Todos pela Educação divulgou, faz pouco tempo, estudo atestando que, em 2005, somente 33,05% dos alunos demonstraram nível de conhecimento adequado à série em Língua Portuguesa, índice que, em 2007, caiu para 27%.

Em 2006, há doze anos, portanto, publiquei o livro *O professor refém – para pais e professores entenderem por que fracassa a educação no Brasil*, com os resultados e a análise de pesquisa que realizei com cerca de 1,2 mil docentes, no qual levantei os principais problemas de quem atua nas salas de aula de 22 estados brasileiros. A indisciplina foi citada por 22%, enquanto 21% afirmaram ser a desmotivação e o desinteresse pelo saber. Embora especialistas repitam que cabe ao professor controlar tais dificuldades, a alta congruência nas respostas permite afirmar que o problema não pode ser atribuído *apenas* "à falta de habilidade docente". Afinal, é impossível não considerar certos fatos sociais que foram, paulatinamente, transformando as exigências em relação à atuação docente, hoje bem diversa da de quatro décadas atrás. A sociedade mudou, a família mudou – a escola mudou também. O professor hoje é um D. Quixote, só e triste – sem Sancho Pança nem Dulcineia. Ele atua cada dia contra novos e fortes inimigos, perplexo frente a um contexto para o qual nenhuma escola o forjou: famílias sem autoridade, sociedade consumista, desprezo pelo saber, incentivo ao imediatismo e individualismo – para citar apenas alguns, que, em conjunto, vêm prestando nefasta contribuição à causa da indisciplina e da desmotivação. Refiro-me, especificamente, a três questões que contribuem sobremodo para o incremento do problema: a) ausência de apoio da família à escola; b) inexistência quase total de sanções para crianças e jovens que praticam atos de incivilidade em sala de aula ou fora dela, postura essa gerada, em parte, pelo *psicologismo*, em parte pelo Estatuto da Criança e do Adolescente; e c) o posicionamento, a meu ver equivocado, de setores do Poder Judiciário, que, em nome dos direitos da criança, muitas vezes têm interferido canhestramente na relação família-escola. Os três (e outros mais, não citados) contribuíram para desenvolver nos alunos a percepção de que o professor hoje não dispõe de praticamente nenhum recurso para interferir ou impedir caso um deles decida nada fazer, nada estudar ou... agredir! E assim, destituído do apoio da família, do próprio sistema educacional e da sociedade, vimos agravar-se, a cada dia, mês e ano, o processo de desvalorização do saber – e consequentemente da escola –, assim como a desconstrução das condições necessárias para que, em aula, a aprendizagem se torne viável.

É de fato gravíssimo o quadro – e dificílima a posição dos professores, parte dos quais luta e luta, até que, em dado momento, *joga a toalha*; outros continuam na indigna situação de quase ter que implorar pequena trégua aos mais indisciplinados, que lhes possibilite dar sua aula. Ou suportar xingamentos, agressões físicas e até ameaças de morte! E há os que explodem, eclodindo a Síndrome de Burnout, que os derruba e conduz a repetidas licenças médicas, à depressão e ao vazio.

Se se quer superar a crise da indisciplina e o desinteresse, mas também a da baixa qualidade, é preciso começar a *considerar quem operacionaliza* a política educacional. É necessário apoiar e colocar em prática ao menos algumas das demandas dos professores, que, em geral, são claríssimas e, se adotadas, resultariam num salto qualitativo imediato. Mas há que ser projeto nacional. Algumas delas:

a) Obedecer à normatização, já definida em lei, sobre máximo de alunos por turma/série no Brasil;

b) Promover a atualização docente continuada *em serviço,* para que os problemas específicos de cada escola/município sejam discutidos e solucionados, em conjunto, por quem os vivencia. Vale saber que 50% dos docentes ouvidos afirmaram que não se atualizam porque têm dificuldades financeiras e/ou porque não dispõem de tempo para tal;

c) Equiparar o salário docente ao de profissionais de outras áreas com mesmo nível de qualificação, de forma a tornar a profissão atraente e disputada;

d) Acabar de vez com as salas de aula multisseriadas;

e) Superar os problemas crônicos de infraestrutura que ainda persistem na rede pública (alunos sem carteiras, escolas sem biblioteca, banheiros quebrados etc.), o que, sem dúvida, também contribui para a desmotivação discente;

f) Dotar de transporte regular e gratuito todas as escolas da rede cuja clientela reside em áreas que demandam longas caminhadas a pé até a escola. E, obviamente, garantir também que haja sempre professores a esperá-las.

Nesse contexto de penúria e falta de planejamento responsável é até risível ouvir profissionais, às vezes até mesmo os da área, repetirem que cabe ao professor motivar, ser criativo, empreendedor, variar métodos etc. para, assim, *deslumbrar* alunos... Discurso lindo e até com certa base teórica, mas que esquece um detalhe: *a realidade!* E a realidade é que, hoje, o professor raramente consegue *encantar*, porque ele próprio está desencantado. Afinal, como enfeitiçar uma criança que está com dor nas costas porque senta no chão para copiar suas tarefas?

A batalha da educação só será vencida quando as autoridades governamentais – entre outras medidas – restabelecerem a autoridade do professor, dando-lhe condições mínimas de trabalho e segurança; quando os professores estiverem aptos a enfrentar, com sucesso, as desafiadoras situações que enfrentam hoje – entre as quais indisciplina, desinteresse e desrespeito são apenas três, entre tantas. Esta é, a meu juízo, a base mínima para que se propicie cidadania a quem cidadão não é, porque não compreende o que ocorre a sua volta, já que não lê ou, se lê, não compreende o que leu.

Enquanto as decisões sobre educação repousarem sobre os alicerces da precipitação, seja na definição de métodos e modelos pinçados por modismos ou simpatias pessoais; enquanto as mudanças forem implementadas sem a necessária e cuidadosa avaliação das possibilidades concretas de sua implantação; enquanto não houver continuidade nos projetos e enquanto as decisões forem de cunho político-partidário e não técnico-pedagógicas, continuaremos perdendo a batalha da educação de qualidade.

Em outras palavras: enquanto as equipes docentes tiverem que pôr em prática medidas nas quais não acreditam, e que sabem destinadas ao fracasso, fracasso é o que teremos.

Professores terão sucesso ao fazer aquilo que acreditam que é importante – especialmente quando se sentirem apoiados. Alunos ouvirão seus mestres quando perceberem que eles acreditam e sabem fazer bem o que estão fazendo. Disciplina e motivação passam pela autoestima. Indisciplina e desmotivação, por seu turno, são irmãs siamesas da falta de fé.

Afinal, ninguém pode dar o que não tem. E, no entanto, apesar de tudo o que vejo ao viajar para dar cursos e palestras por esses brasis tão diversos, mais uma vez me convenço de que nós, professores brasileiros (algo em torno de 2,3 milhões de profissionais), continuamos a ter fé!

E é essa contradição incrível e maravilhosa que me fez acreditar que valia a pena levar um pouco do meu pensamento pedagógico e da minha experiência a meus extraordinários colegas que, com toda a carga de problemas, continuam lutando por um Brasil melhor. E quando digo um Brasil melhor, estou afirmando que esse sonho só poderá ocorrer quando tivermos de fato a escola de qualidade com que sonho – e para todos os brasileirinhos. Sem o que, não há esperança de um futuro justo e igualitário, nem se poderá falar com integridade de cidadania de verdade.

A Autora
Fevereiro de 2018

Sumário

PARTE 1 – Educação sem alívio, nem retoques

Algumas causas do fracasso na Educação 21
A passo de cágado 27
Descobriram a América! 33
Estudar para quê? 36
De marcha à ré para 2022 39
Muito além do saber 42
Nada de novo sob o Sol! 45
Um profissional mais que pressionado 48
Tem nem-nem aí? 53
O Currículo Único – de novo 57
Brasil em primeiro! 59
Cadê a qualidade? Sumiu... 62
Escolas nas mídias! 66
O CTI do ensino 69
Por que será? 72
Previsíveis previsões 75
Reforma ou remendo? 78
E... nem! 81
A escola profanada 83

PARTE 2 – OS MODISMOS EM EDUCAÇÃO

A mocinha do crachá 91
Evasão: um outro ângulo 94
Aqui tudo se compra 97
Ao futuro de nossos filhos 100
Os clássicos e a tecnologia 103
Cultura da repetência – um outro olhar 106
Inovar para resultar 109
Militarizar escolas? 112
Nossos heróis!? 115
O preço da impunidade 118

PARTE 3 – REPENSANDO CONCEITOS

A gestão da escola moderna 125
Escola e família: parceria possível 128
Liderança em sala de aula 132
Pais nas escolas 138
Agressividade e *bullying* 141
Nem tudo é *bullying* 147
Quando alfabetizar 149
Autoestima e limites 152
Uma boa surpresa 158
Meritocracia 161
O temido TDA-h 163
Educar para a ética 169

Conclusão

Como ficamos 172

PARTE 1

**Educação sem alívio,
nem retoques**

Algumas causas do fracasso na Educação

Não há dúvida de que o Brasil ainda não encontrou a fórmula de o saber ser democraticamente distribuído. A maior dificuldade detectada e visível dos alunos: interpretação de textos. Justamente a competência sem a qual o Brasil se condena a eternizar a crise da qualidade, que caminha a passos largos em todos os setores produtivos.

Metodologia inadequada, dizem uns; excesso de conteúdo, sentenciam outros; anacronismo, forma de avaliar, desmotivação, interferência da mídia, e outros mais são apontados – cada um a seu turno – como causas da ineficiência.

Opiniões, na maior parte das vezes, não fundamentadas em estudos de realidade. Ou seja: "acha-se" muito, mas pesquisa-se pouco. Quem ouve acaba achando que é uma verdade inquestionável e sai repetindo. Assim criam-se os *mitos* em Educação, que prejudicam a caminhada para o Brasil alfabetizado, consciente e com igualdade de oportunidades.

Considero fundamental para a superação dos atuais problemas que sejam adotadas rapidamente três medidas:

1ª) *Continuidade nas experiências e projetos pedagógicos*: todo projeto a ser implementado teria que prever um período mínimo de teste para que resultados pudessem ser observados. Antes disso não se poderia interrompê-los, exceto se resultados negativos – fruto do *acompanhamento*, necessariamente presente – fossem detectados inequivocamente;

2ª) *Acompanhamento e avaliação sistemáticos de processo e de produto*: para permitir que distorções, dificuldades e problemas fossem detectados em curto prazo, possibilitando correções imediatas. Qualquer mudança (metodológica ou estrutural) seria iniciada experimentalmente em "locais-piloto" – nunca em todo o país;

3ª) *Análise de resultados*: para suspender ou prorrogar o trabalho, sempre com base nos *resultados do projeto-piloto*, fio condutor de decisões sobre pertinência, permanência ou mudança.

Cada mudança no sistema educacional implica altos gastos e, no mínimo, muitas horas de trabalho por parte dos envolvidos. Para os professores, em especial, representa também novos esforços e capacidade de adaptação. É inconcebível, portanto, que se suspenda e se perca (como é usual) todo um trabalho sem uma análise séria que justifique tal decisão.

Mudanças educacionais não faltaram ao Brasil do século XX. Ainda assim, só vimos queda na qualidade. De nada adianta a cada novo gestor começar outro modelo. Começando do zero poderemos sanar equívocos, sim, mas seguramente iniciaremos outros. Para evitar mais fracassos é mister, entre outras coisas, ouvir *em escala representativa* o docente que atua *em sala de aula, antes* de colocar em prática novos projetos. Não se trata de pedir permissão nem inverter a hierarquia, mas de investigar o que eles têm a dizer sobre as *necessidades intrínsecas do projeto e a viabilidade de execução*. Quem executa a nova proposta (o professor) é o mais apto a perceber – do ponto de vista da prática – as possibilidades, necessidades e/ou limitações de ângulos que quem planeja nem sempre percebe.

No entanto, a quem as mídias dão espaço e atenção para opinar a respeito? A maioria das vezes a quem é "famoso", a quem tem "visibilidade". Embora alguns até tenham formação em nível superior ou até mais que isso, em geral não têm experiência nem formação em magistério, mas opinam, e trazem mil ideias incríveis e sedutoras. Quem ouve tem a nítida impressão de que a solução está ali, tão simples, clara e ao alcance de nossas mãos! Então por que não a colocamos em prática? Porque são ideias não testadas; ou são ideias que demandam um treinamento profundo de quem vai aplicar essa nova ideia; ou também demandam mudanças na infraestrutura das escolas. Quem sugere tais ideias raramente sabe qual é a realidade das escolas. E sonhar, afinal, é tão fácil. Falar, aliás, é tão fácil – difícil mesmo é realizar! Especialmente, me daria enorme prazer colocar esses que apregoam ideias ao vento, sem base e levianamente, em uma sala de aula, e desafiá-los a executar o que apresentam como verdade indubitável.

Alguns municípios há, mas poucos, que fazem ou fizeram em dado momento levantamentos junto aos docentes. Raras vezes, porém, o que os professores colocam serviu de base às decisões pedagógicas. Nós, especialistas, tendemos a achar que sabemos o que é melhor para a Educação. E é verdade; mas os docentes sabem mais da prática. Portanto, se não atentarmos às suas ponderações, estaremos negando a necessária união entre teoria e prática, pressuposto tão defendido pelas modernas linhas pedagógicas. Os docentes me parecem ser os profissionais mais indicados a apontar demandas de infraestrutura, treinamento, espaço físico etc. Ignorar isso, como vem sendo feito na grande maioria dos municípios, pode continuar significando a diferença entre sucesso ou fracasso.

Educação que se quer de resultados precisa se fazer assim. Ignorar a realidade das salas de aula lotadas e a impossibilidade quase total de o professor se atualizar nas condições atuais é fechar os olhos à realidade de que o Brasil não é composto pelos poucos que pertencem às classes A e B; é esquecer as salas multisseriadas; é fingir que já superamos o problema dos que nem giz tem – para citar o recurso mais corriqueiro de uma escola; é fazer de conta que o professor não ganha pouquíssimo e que ainda há os que viajam no lombo de burricos ou em canoas até chegar a seus alunos.

É fácil dizer que cabe ao professor fascinar, deslumbrar crianças e jovens; que é sua obrigação ser empreendedor e criativo; que deve usar variadas técnicas de ensino e avaliar qualitativamente. Discurso embasado, sem dúvida, mas que esquece o Brasil de proporções continentais, o Brasil que tem milhões de crianças com fome e outras carências, que não tem nem sala de aula em muitos municípios, nos quais a escola é apenas uma casinha tosca, perdida num mundão de chão, que separa os alunos de suas também toscas casas, quilômetros atrás. Discurso que esquece principalmente *a realidade de um docente* que decerto não pode encantar crianças nem jovens, porque nem ele está encantado com a realidade que enfrenta...

Para recuperar o tempo perdido, a Educação tem que *primeiro* cumprir sua função *inclusiva* – no sentido *lato* da palavra –, propiciando cidadania mínima a quem ainda nem cidadão é, porque não compreende nem pode compreender o que ocorre a sua volta, já que não lê, não faz contas e, quando lê, não compreende o que leu. Acabar com o isolamento em que o professor de sala de aula se encontra atualmente faz parte da inclusão. Precisamos envidar esforços para promover uma coalizão real se desejamos alcançar melhores resultados no ensino. Espera-se do professor que seja o executor eficiente e motivado das mudanças que níveis mais altos projetam. Vivemos a era da propalada "gestão democrática", mas ao professor não é dado o direito de participar efetivamente desse avanço. Para mudar a práxis, é necessário que não se aja simplesmente usando a força da lei, modismos pedagógicos ou simpatias pessoais. Medidas, para que funcionem, carecem decorrer de estudos de realidade que as tornem viáveis em primeiro lugar e, em segundo, necessitam muitíssimo da *adesão* de quem executa. E adesão se alcança preparando *bem* e *previamente* os docentes através de estratégias adequadas, com duração suficiente para que se sintam seguros e tecnicamente convencidos a praticarem o aprendido, e planejando mudanças *sempre* calcadas na real possibilidade de execução.

Grande parte do que se tentou fracassou porque não houve real possibilidade de operacionalização. O problema não está na mudança nem no método que se propõe – o problema é o descompromisso e a precipitação, a forma radical e rápida (e que, portanto, deixam de ser *propostas* e passam a ser *impostas)* com que se fazem as mudanças educacionais, e que as têm levado ao insucesso e à não aceitação. São propostas que, em outras circunstâncias, poderiam ter melhorado o ensino.

Em síntese, não precisamos inventar nem copiar nada – por ora, pelo menos. Só agir de modo científico e não por julgamentos infundados. Afinal, já estamos no século XXI, e grande parte dos cidadãos desse nosso Brasil ainda não sabe ler nem contar.

Não podemos, portanto, nos dar ao luxo de novos fracassos.

A passo de cágado

A conquista mais celebrada por sucessivos governos foi a *quase* universalização da entrada no Ensino Fundamental. Não há dúvida de que houve aumento razoável do número de estudantes no nível superior, bem como algum progresso no *quantitativo* de alunos no Ensino Médio. Também a Educação Infantil foi, de certa forma, contemplada, na medida em que a Emenda Constitucional nº 53, de 2006, tornou obrigatória a matrícula de crianças de até 5 anos em escolas de Educação Infantil, creche e pré-escola.

Esse crescimento quantitativo inegável não teve, porém, correspondência qualitativa – como deveria. Em outras palavras: as crianças entram na 1ª série, mas um percentual expressivo abandona a escola antes de cumprir a obrigatoriedade escolar legal, e parte significativa das que a concluem escreve mal, tem dificuldades flagrantes em cálculos matemáticos básicos, assim como na interpretação de textos.

Colocando numa balança, os progressos foram tímidos e claramente insuficientes para que alcancemos o que outros países já oferecem faz tempo a seus jovens. Não é à toa que se ouve falar, cada dia mais, em "crise de mão de obra". Se não entendem o que leem, não sabem decodificar um manual de instruções, por exemplo, necessidade primária para um trabalhador nos dias atuais.

Além desse flagrante fracasso da Educação Básica brasileira, vive-se hoje uma séria crise intelectual, na medida em que se veicula na sociedade um certo desprezo pelo saber, cujas consequências só ficam evidenciadas quando morre alguém num hospital por administração inadequada de medicamento (porque a pessoa não sabia ler proficientemente), se um prédio desmorona (por erro de cálculo) ou quando uma maioria de concorrentes é maciçamente reprovada num concurso. Enfim, quando já é tarde para muitos.

É preciso vontade política – antes de tudo – para superar a situação que temos atualmente, o que significa *compromisso por parte do governo como um todo* em priorizar a Educação Básica de qualidade, independentemente de se atribuir responsabilidade administrativa a municípios ou estados. Trata-se de problema nacional. Compete, portanto, a todos os brasileiros pressionar as autoridades para que abracem esse projeto. O Brasil continua gastando cerca de três vezes mais com o Ensino Superior do que com o Fundamental. Uma inversão incompreensível. Como se pretende ter curso superior de qualidade se os alunos que lá chegam, em grande parte, mal compreendem o sentido de um texto e pouquíssimos dominam uma língua estrangeira? E não se trata apenas de questão econômica, mas de ter esse objetivo como prioridade. Ano após ano, autoridades adotam medidas que supervalorizam determinados métodos, e que para os docentes que estão na "frente de batalha" (a sala de aula!) são visivelmente fadadas ao insucesso. Mas quem quer escutar o professor? É mais fácil culpá-lo pelo fracasso escolar do que o ouvir.

Veja-se o exemplo do projeto "Um computador por aluno" (MEC, 2010): um flagrante equívoco colocar essa ideia como prioritária. É considerar mais importante comer caviar do que feijão com arroz. *Ainda temos escolas que são inundadas quando chove* – tal seu estado de conservação –, e critica-se o gestor que deixa empacotado o computador. Muitas vezes a escola recebe um equipamento sofisticado, mas não tem quem o instale, ou, se apresenta defeito, passam-se semanas até conseguir autorização para o reparo. Só quem está na escola sabe dessas e outras dificuldades.

A desigualdade de resultados é outro problema que precisa ser sanado. As chamadas "ilhas de excelência" puxam o IDH para cima em alguns municípios, dando uma falsa ilusão de eficiência, mas sonho com o dia em que teremos não "ilhas", mas todo o Brasil com excelência no Ensino Básico. Será então outro Brasil, sem dúvida alguma. A formação dos docentes também tem deixado a desejar. Afinal, se a qualidade do ensino vem caindo há décadas, como supor que a crise de mão de obra não incluiria o professorado? Impossível!

Há outros problemas também muito sérios e que, sem dúvida, ainda se agravarão. Por exemplo, o vácuo de autoridade que se criou na família, devido em parte ao sentimento de culpa que as mães (especialmente elas) sentem por estarem mais afastadas da vida dos filhos em função das exigências da vida profissional, impede que boa parte dos pais desenvolva com a mesma eficiência de antes a socialização básica dos filhos, o que concorre para o aumento da indisciplina e de agressões a professores.

De fato, o aumento significativo do percentual de mulheres que se profissionalizou a partir dos anos 1960 acabou conduzindo a uma permissividade negativa por parte dos pais, que, embora alivie os aflitos corações paternos, acaba gerando, em médio prazo, problemas sérios de conduta e às vezes até mesmo de marginalização nos jovens. E a falta de limites, por sua vez, trouxe consigo um desdobramento inesperado: o abalo da relação professor/aluno. Fragilizados, os pais apoiam os filhos até em situações de flagrante desrespeito ao professor e à escola, levando ao enfraquecimento da autoridade docente. Este fato, além de desestimular a docência, gerou problemas de rendimento devido à dificuldade de se conseguir as condições mínimas necessárias à aprendizagem em sala de aula.

Pai e mãe são as duas primeiras figuras de autoridade que a criança contata ao iniciar a vida social e as que têm mais peso na infância. Se os responsáveis pelas novas gerações não aproveitam esses anos iniciais e abrem mão da tarefa de ensinar *o que é e o que não é* aceito na convivência social, ou se se omitem por medo de errar, criam esse vácuo de autoridade que acaba se refletindo na sala de aula. Sem o apoio da família, os professores acabam tendo muita dificuldade para executar a tarefa. É uma bola de neve. Se os pais não educam e não ensinam os limites sociais; se a sociedade, além disso, estimula os jovens a *consumirem e serem felizes hoje, já, agora* – em detrimento de qualquer outra coisa –, fica fácil entender os destemperos adolescentes a que assistimos. E também fica fácil imaginar que, quando os inevitáveis percalços da vida os atingirem, eles estarão sem condições de tolerar fracassos e/ou frustrações, emocional ou intelectualmente. O prejuízo acaba sendo pessoal e familiar, mas também social. O aumento do alcoolismo, o abuso do uso de drogas, a gravidez precoce e de risco, assim como a direção irresponsável no trânsito são apenas algumas das interfaces da conduta de quem não tem limites, a forma como ela se exterioriza.

É hora de os pais reassumirem a função de geradores da ética, mas é preciso saber que a retomada da autoridade é mais difícil do que estabelecer regras desde o início. Quando uma pessoa recebe uma benesse – e a falta de "nãos" é uma delas –, dificilmente abandona sem resistência o que já vê como direito seu, não mais como concessão. Urge fazer com que a sintonia entre família e escola volte a existir, como existia num passado recente. Para tanto, é necessário que pais e professores, família e escola percebam que ambas as instituições são as que de fato estão voltadas – sem nenhum outro propósito – a dar às novas gerações um futuro mais justo, digno, feliz e democrático.

Ao se perceberem como partes correlatas e complementares de um mesmo processo, divisões e antagonismos atuais poderão ser minimizados, e o trabalho harmônico poderá se restabelecer. É preciso entender que, muito embora não trabalhem da mesma forma, ambas buscam um único e mesmo final – a criação de um ser humano mais íntegro e solidário. E isso só se consegue através da ação integrada de pais e professores, trabalhando juntos, unidos e harmonicamente, e, fundamental – com o apoio da sociedade.

Descobriram a América!

Ler é essencial para ter sucesso em Matemática, anunciou em letras garrafais o jornal, após ter acesso às conclusões de recente estudo feito por uma ONG que acompanha a evolução da educação brasileira. Ora vejam, que surpreendente! Acabaram de descobrir a América – novamente!

Sem desmerecer o estudo nem os resultados, pergunto: qual o professor sério que não sabia disso? E qual o que atualmente tem possibilidade de exigir seja lá o que for de seus alunos? Afinal, são tantas as ingerências em sala de aula. São ordens e contraordens de órgãos oficialmente constituídos para esse fim (acredite, é real: mudanças no secretariado de um município muitas vezes conduzem a mudanças na orientação do trabalho, especialmente dos docentes das escolas públicas). Pais também andam querendo determinar *quanto* e *o que* os professores devem "dar de matéria" a cada aula, o tamanho das tarefas de casa, a forma de disciplinar – entre outras interferências. Sem contar as pressões que os docentes sofrem dos próprios alunos, estimulados a exteriorizarem até limites improváveis "seus desejos e vontades".

E, assim, vai ficando para trás, a cada dia, a figura do professor cuja palavra valia e era respeitada, substituída por outra, a de um profissional precocemente desiludido e confuso sobre que rumo dar ao que faz – tantas são as dificuldades que enfrenta para realizar exatamente o que o Brasil mais necessita: ter, em futuro próximo, uma geração de jovens letrada, leitora, com capacidade de interpretação do que lê – consciente e analítica, portanto. O que certamente interessa apenas a políticos e autoridades *realmente* sérios do país. Afinal, pessoas com o perfil que descrevi certamente não favorecem aqueles que desejam tão somente auferir vantagens pessoais a partir dos cargos que ocupam. É por essa razão que tornar o currículo *cada vez mais ralo* é repetida e enganosamente apresentado como necessidade premente de "modernizar o ensino", através da "retirada de conteúdos e gorduras *desnecessários* e pouco utilizáveis pelos jovens, que assim se desmotivam". Essa visão utilitarista e imediatista do currículo acaba conduzindo à redução e eliminação de conteúdos que contribuem para a formação global do entendimento do indivíduo em relação ao seu entorno e ao mundo como um todo.

Essas e outras manobras vêm tornando o ensino ineficaz e qualitativamente indescritível. Crianças chegam à 6ª série sem saber conjugar verbos, sem saber usar conectivos ou fazer cálculos básicos. *Geografia e História para quê*, não é mesmo? *Hoje temos o Google*, argumentam indignados os que defendem a escola como *local de formação e de afeto* – como *se não fosse possível e necessário* unir as duas competências – formar e informar –, ambas fundamentais e não excludentes! Infelizmente, quando se incapacita alunos à leitura compreensiva, única que alfabetiza de verdade, tem-se que *levar o pacote completo*. Que inclui jovens que, além de não entenderem o que leem, também não sabem o que fazer com enunciados de problemas matemáticos, são incapazes de decodificar fatos políticos do dia a dia, ou vislumbrar consequências de portarias, leis ou projetos que se aprovam no país.

Interessa – e muito – *a quem não quer* que se descubra a América...

Estudar para quê?

Um dos maiores problemas hoje, no ensino público ou particular, é conseguir que os alunos queiram aprender. Essa minha afirmativa se baseia nos resultados de uma pesquisa que realizei com cerca de dois mil professores de 42 cidades e que publiquei no livro *O professor refém*. Entre outras questões, perguntei-lhes a que atribuíam a alta desmotivação dos alunos (problema apontado como o mais sério dentre os muitos que enfrenta quem está em sala de aula). A resposta foi a *"falta de interesse em estudar"*. Contrassenso, cheguei a pensar; como explicar a consequência pela causa? Mas não. Impossível haver erro quando quatrocentas e tantas respostas coincidem.

O que ocorreu foi que os professores quiseram realmente ressaltar o *desinteresse por aprender*, tão frequente que chega a invalidar os seus mais sinceros esforços. Perguntei a que atribuíam tal desinteresse. E 20% afirmaram: *"Fora da escola há coisas tão mais interessantes para a criança, que dificilmente se pode competir com elas."* Em outras palavras: as crianças hoje têm acesso tão cedo às sedutoras tecnologias que, por melhor que seja a aula, é difícil fazer com que gostem mais de ler um livro do que jogar joguinhos eletrônicos; ou que gostem mais de aprender a somar do que de usar o tablet. O que nos remete inevitavelmente à sociedade de consumo e seus apelos mercadológicos. Junte-se a isso pais inseguros – que os há em demasia atualmente, mais os que deixam tudo fluir para não se aborrecer, e ainda aqueles que não têm clareza dos objetivos educacionais, e talvez se consiga entender *um pouco* esse grave fenômeno que acomete estudantes em boa parte de países do mundo.

As delícias da tecnologia moderna parecem ter relação direta com o desinteresse pela escola e com a falta de clareza da família em relação a prioridades. E mais: tais delícias não seduzem apenas crianças; adultos também. As mídias, a seu turno, comprometidas com os anunciantes, sem os quais não sobrevivem, fazem sua parte. Impossível ignorar que o consumismo, por trás disso, conduz a enfoques prioritariamente hedonistas. Vale referir, ainda em relação ao estudo, que 9% dos docentes apontaram o *descompromisso da família em relação aos estudos dos filhos* como causa decisiva dessa desmotivação. Realmente, boa parte dos pais hoje *também está voltada para o próprio prazer*, e esta é, provavelmente, uma das razões por que questionam tanto a escola. Tarefas, pesquisas, estudos e outras atividades podem soar, para alguns, como empecilho a programas, feriadões sem compromisso e viagens. A "busca da felicidade" tem levado alguns a considerar, por exemplo, uma viagem à Disney como mais relevante do que bem conjugar verbos.

Apoiando essa perspectiva, muitos alegam que até mesmo profissionais com formação de nível superior e pós-graduação estão hoje desempregados – no Brasil e no mundo. Verdade. Mas nem por isso vamos deixar as crianças fora da escola. Ou vamos? Os que crescem ouvindo afirmativas desse tipo, aliadas ao repisado conceito de que o que importa é ser feliz, encontram aí o fundamento que incrementa a resistência dos jovens aos estudos. Seguramente não serão esses que irão considerar uma felicidade poder ir à escola.

Que cada um medite a respeito.

De marcha à ré para 2022

Será que era ao Brasil que a presidente Dilma se referia mesmo quando falava em "Pátria Educadora"? Vivo pensando nisso nas noites em que desperto de um sonho que teima em se repetir e no qual, orgulhosos, ultrapassávamos a Finlândia em Educação! Acordar entristece, porque a realidade me faz perceber que esse sonho é quase utopia: continuamos – desde 2000, quando teve início a avaliação – entre os últimos no rol dos países participantes da Organização para Cooperação e Desenvolvimento Econômico (OCDE), entidade que coordena o Programa Internacional de Avaliação de Estudantes (Pisa, sigla em inglês para Programme for International Student Assessment), que visa produzir dados para a melhoria do Ensino Básico no mundo. O que se busca é verificar até que ponto os países participantes estão preparando seus jovens para o exercício da cidadania.

O Brasil vem registrando resultados desoladores nas áreas avaliadas. Estamos lamentavelmente "entre os piores" em Leitura, Matemática e Ciências! Frente ao quadro, me atormento pensando se sou apenas eu que acho estranho a Pátria Educadora colocar como meta alcançar a média mínima estabelecida pelo OCDE (6,0) em 2022. Essa média é o parâmetro para que um país figure entre as nações desenvolvidas em termos educacionais. Já foi alcançada por Finlândia, Coreia, Israel e Alemanha, por exemplo. Mas aqui não temos pressa: 2022! Por quê? Simples. É quando completaremos 200 anos de independência! E, se temos uma data tão linda, ainda que distante, para que correr e tentar superar o passado de derrotas?

A impressão que fica é que as autoridades ou não sabem como fazer, ou não estão realmente interessadas em propiciar cidadania de fato. Para quê? – se figuramos entre os países cuja população se considera das mais felizes do mundo. Se ficamos em 58º lugar entre 70 países em termos de Educação, qual o problema? Afinal, somos campeões em *coisas mais importantes*: somos o país com maior número de celulares por habitante e também um dos mais alegres do mundo! Então, para que bem equipar escolas e qualificar docentes?

Em todo caso, temos ainda quatro anos para chegar à meta, o que constitui quase todo o tempo de que uma criança necessita para chegar à 5ª série do Ensino Fundamental. Estamos condenando ao fracasso mais uma geração de alunos? Temos a meta – mas e o plano para concretizá-la, onde estará? Deprimente constatar que o MEC se proponha uma meta tão tímida e, ainda assim, não saiba como atingi-la! E se afinal lá chegarmos em 2022, onde estarão as nações que hoje estão nesse mítico patamar? Muito além. Esse 6,0 significa que o país terá atingido, até lá, um nível médio de qualidade em termos de proficiência e rendimento. Ainda que atrasados, teríamos progredido. No entanto, pelo andar da carruagem, indefinidos ainda em relação ao *que fazer* para sair do buraco em que a Educação está, é bem provável que nem lá cheguemos.

Essa afirmativa nada tem de derrotismo. É fato: em 2012, o desempenho do Brasil em Leitura *piorou*! Fizemos 410 pontos, dois a menos que em 2009 – o que significa, pasmem, ficar *86 pontos abaixo da média dos países da OCDE.*

Resta saber em que direção estamos realmente caminhando.

Muito além do saber

Pior do que não saber é pensar que sabe. E parece crescer o número de pessoas que, nada tendo estudado, lido ou se informado sobre um assunto, técnico ou científico, discute a respeito com a intransigência de quem desconhece a própria limitação. Como está distante o tempo em que quem mais sabia declarava, como Sócrates, *apenas sei que nada sei*. Só quem estuda muito é capaz de perceber o quanto há ainda por se descobrir e aprofundar. Só quem respeita o conhecimento se coloca com humildade frente ao saber acumulado.

Por outro lado, ignorar um assunto não torna ninguém inferior a quem o conhece. No entanto, quem se dá o direito de discutir obstinadamente o que não estudou, sofre pelo menos uma grave consequência: impede a si próprio de aprender, já que se considera doutor no que ignora. E essa postura não é privilégio de quem tem escassa formação, absolutamente. Há muita gente que, justamente por ter boa formação em um campo, se considera doutor em todos os demais. E há ainda os que estão imbuídos da ideia de que *tudo é questão de opinião*. É a era do *achismo!*

Não foi por acaso que, outro dia, estava eu num táxi, quando o motorista, olhando o céu carregado de nuvens escuras, me perguntou: *"Sabe por que é que em certos lugares há enchentes e, em outros, não cai uma gota d'água?"* Meio distraída, falei algo sobre desmatamento, poluição etc. Foi quando percebi que a pergunta era apenas pretexto para que me explanasse a "sua teoria". Muito entusiasmado, me perguntou se eu sabia que a Terra, nosso planeta azul, se move. Confirmei; ao que completou, todo orgulhoso: *É! Ela vai indo, vai indo, para cá, para lá, daí que, às vezes, para num lugar que tem muita nuvem, e chove; outras vezes, para em um que não tem nuvem, e pronto! Seca tudo! Nem sempre ela acerta onde parar.*

Minha visível perplexidade foi interpretada como encantamento diante de tão notável teoria, o que resultou em nova e minuciosa explicação. Mantive-me calada, incapaz de replicar, já imaginando a Terra, como volúvel senhorita, passeando indecisa pelas galáxias, até que, intempestivamente, decide parar aqui ou acolá, sem a mínima consideração conosco, infelizes terráqueos, submetidos à sua férrea e indecifrável vontade, o que nos conduz a secas excruciantes ou a enchentes avassaladoras.

Não sei dizer ao certo, mas imagino que tenham sido meus olhos arregalados que o tenham feito indagar se eu sabia de algo mais a respeito. Respondi que sim, sabia; mas o advertiu de que não era exatamente dentro da mesma versão que me revelara. Tentei então explicar, de forma simples, os movimentos da Terra, ressaltando que não era "minha" teoria, e sim estudo comprovado por cientistas. *Sou mais a minha!* – disse-me com total convicção, depois que terminei. Mas já o fez meio que de si para si. E emudeceu.

Senti que decepcionara meu interlocutor ao não aceitar com alegria suas explanações sobre o clima. Por isso, calei-me também. Afinal, como competir com o sonho? E para quê, não é mesmo, se tudo são opiniões?

Nada de novo sob o Sol!

A Organização para Cooperação e Desenvolvimento Econômico (OCDE) divulgou, faz poucos anos, relatório sobre o Brasil no Pisa, o Programa Internacional de Avaliação de Estudantes.

Para quem trabalha na área, o novo relatório nada de novo espelhou, porém. Só o que cansamos de saber: aos 15 anos, nossos alunos têm performance sofrível *nas três áreas* do exame, Matemática sendo a pior delas. Nossas autoridades daqui comemoraram o progresso que, pasmem, nos manteve entre os últimos dos setenta países participantes. Em Linguagens e Ciências os resultados são de fazer enrubescer. Mas o que importa discutir são as medidas sugeridas pelo relatório, para *"não deixarmos nossos meninos para trás"* (onde já estão há décadas!): 1) baixar a repetência; 2) aumentar o acesso à pré-escola; e 3) diminuir desigualdades sociais.

No que tange ao item 1, o Brasil já fez o "dever de casa": para atender a sugestão da OCDE, caminhou pela trilha mais fácil, que enche os olhos de quem não está verdadeiramente informado do significado de certas "mudanças" implementadas, a meu ver, meramente para melhorar estatísticas – praticamente *eliminou a retenção* ao adotar o Ensino por Ciclos com Progressão Continuada. No entanto, da forma que foi feita, a medida apenas desvirtuou o Ensino por Ciclos, que poderia até ter dado bons resultados, caso não tivesse sido utilizado somente para liberar o fluxo de vagas.

Explico: em dado momento do nosso passado educacional recente, em torno dos anos 1980, havia excesso de crianças nas primeiras séries das escolas públicas devido ao alto percentual de alunos que não conseguiam se alfabetizar em um ano, criando assim uma "bolha de retenção". Em torno dos anos 1970, alguns estados já haviam começado a adotar o Sistema de Ciclos com Progressão Continuada, em substituição ao Regime Seriado. Uma decisão que poderia ter sido ótima, desde que não se tivesse adotado o modelo em todo o Brasil, e de uma forma canhestra: sem as devidas mudanças estruturais que o sistema demanda. Só para citar uma delas: no Sistema de Ciclos é necessário que as turmas sejam bem menores do que eram (e ainda são!). Com poucos alunos em cada classe, o docente pode dar a atenção individualizada que o sistema exige e, assim, atender às necessidades de *cada aluno em particular*. É esse elemento que torna o Sistema de Ciclos passível de melhorar a aprendizagem. E esse é apenas um dos aspectos que se deixou de lado, porque, infelizmente, as autoridades só estavam interessadas em resolver o problema da falta de vagas na 1ª série, acarretado pela alta retenção já citada. Assim, resolveram esse problema – mas não o da qualidade, de forma alguma!

Quem se interessa por qualidade na Educação tem que focar *no ato de ler compreensivamente* – não apenas em progredir alunos para séries posteriores, sabendo ou não ler! Dessa forma, num passe de mágica, estourou-se a bolha e, assim, vagas surgiram às centenas – e sem gastar tostão! Jogou-se no lixo a qualidade – mas para que qualidade?

Dá para compreender por que, em 2000, o fracasso no Pisa ocorreu? E vai continuar assim, seja em Línguas, Matemática ou Ciências, porque o pré-requisito para o saber é a *alfabetização de qualidade*. Quem não consegue interpretar o conteúdo de um texto lido, *não leu*. E ponto final! Daí por que, frente a um problema matemático ou a uma proposição de Ciências, surge a pergunta: *"'fessora, é conta de mais ou de menos?"*

Não existe milagre: é como num jogo de dominó, em que a peça da beirada (a leitura compreensiva), a um leve toque, derruba as demais (Matemática, Ciências etc.). Leitura é a infraestrutura sem a qual empreender novas aprendizagens se torna impraticável. A cada progressão à série posterior, mais complexos se tornam os conteúdos. E mais imobilizada para aprender fica a criança, se o pré-requisito não foi atingido!

Ler compreensivamente é o saber sobre o qual se erigem os demais. Só de posse dele nossos jovens resolverão os problemas que surgem aos quilos vida afora. Sem corrigir a base, jamais reconstruiremos o Brasil!

Um profissional mais que pressionado

O professor brasileiro, na atual conjuntura, especialmente o do Ensino Básico, tem grandes problemas a enfrentar. Basicamente, são os mesmos nas duas realidades em que atua – ensinos público e privado –, embora se apresentem com roupagem diversa em cada uma delas. Por exemplo, a falta de limites na escola privada traduz-se em uma espécie de prepotência em relação à figura do professor, identificada pela ideia de, por ser uma escola "paga", o aluno considera que o professor, de certa forma, "deve" a ele ou à sua família o emprego; já na escola pública, o mesmo problema pode aparecer como ameaça, mais ou menos clara, à integridade física do docente – o que não significa que esse tipo de conduta não possa surgir também na escola privada, embora seja um pouco mais rara. De qualquer forma, uns usam o dinheiro e/ou o status social, outros, a coerção física.

Nesse contexto, a função precípua da escola me parece deva ser de agente conscientizador. Ou seja, na medida em que a escola está – como não poderia deixar de ser – refletindo o que acontece na sociedade, o que de melhor se pode fazer é, a cada ato violento, de agressão ou de incivilidade (seja de aluno contra aluno, contra professores ou de qualquer pessoa), transformarmos esse fato concreto no disparador de uma atividade educativa, em que a reflexão, a análise e a discussão das causas que levam as pessoas a determinadas atitudes sejam a tônica. Os alunos precisam ser trabalhados para compreender a raiz da violência e o que os leva a adotar atitudes que, muitas vezes, não sabem explicar. A exclusão pura e simples de crianças violentas ou rebeldes não as educa nem resolve o problema mais amplo, *que é de todos*.

Acredito que o trabalho continuado de reflexão crítica seja a forma ideal para tratar a problemática. Não significa, porém, que não se devam utilizar, ao mesmo tempo, sanções. Porque a impunidade já é péssimo exemplo que a sociedade dá aos jovens. Temos que mostrar a eles que, se a realidade não funciona como deveria, devemos e podemos lutar para mudá-la, se de fato o desejamos. E essas mudanças precisam começar no nível micro – na escola, na família, no relacionamento com pais, professores, amigos. Não se muda a sociedade magicamente – nem toda ela ao mesmo tempo. A mudança começa pela formação da consciência social individual. E nisso a comunidade deve, sim, ser chamada a participar. A união entre família e escola é, hoje, mais do que nunca, essencial.

Como em toda relação, a de professor-aluno reflete as dificuldades de relacionamento encontradas entre as pessoas na atualidade. Todos se queixam de solidão, de incompreensão. Amizades, casamentos, sociedades se desfazem pela incapacidade do homem atual de pensar "o outro"; o que predomina é o egocentrismo, a intolerância mútua. Por que seria diferente na escola, se muitos jovens são intolerantes com seus pais, por exemplo? É uma parte do problema. Alie-se a isso a insegurança e a falta de autoridade que muitos pais sentem em relação à educação dos filhos e pode-se entender por que o caldeirão começa a ferver...

Não poderia deixar de mencionar o fato de que muitas das modernas linhas pedagógicas, que incentivam uma relação mais democrática entre docentes e alunos, foram mal compreendidas, distorcidas e mal aplicadas na prática, o que tornou também os professores inseguros quanto ao seu papel.

Toda relação – afetiva, intelectual, profissional – é uma via de mão dupla. Um excelente professor não obrigatoriamente consegue fazer com que todos os alunos aprendam. Há uma parte interna, intelectiva e motivacional que é específica do aprendiz. Se ele não quiser aprender, se não se esforçar um pouquinho que seja, não haverá "milagres". E muitos são os jovens hoje que estão convencidos de que a aprendizagem é basicamente "gerada" pelo professor. Por outro lado, não se pode omitir que existem professores com formação técnica e didática muito abaixo da ideal. Portanto, existem casos e casos. Generalizações quase sempre induzem ao erro. Claro que há outros fatores que também interferem de forma determinante: a carga horária exaustiva dos docentes, as salas de aula "entupidas" de alunos, a sociedade que não estimula o saber e a ciência, entre outros.

Acredito que o maior problema não está nos cursos de formação de professores, que são apenas o segundo elo de uma cadeia. O problema maior se situa no Ensino Fundamental, hoje com resultados sofríveis – especialmente na rede pública, onde se concentra o maior percentual de alunos. Como formar bons profissionais se o aluno que ingressa no Ensino Médio ou no Superior escreve mal, não entende o que lê e muitas vezes nem lê? As mudanças têm que começar na base do sistema. Feito isso, as consequências positivas virão quase que automaticamente nos níveis subsequentes.

Outro problema grave, dentro do panorama atual, é a transferência de responsabilidades da família para a escola, bem como conflitos e disputas de poder entre estas partes. É tema complexo; no entanto, mesmo correndo o risco de parecer simplista, vou tentar resumir.

Quando os pais encaram sua função educacional como um problema; se encaram a tarefa de educar (e de dar limites principalmente) como *repressão* e *autoritarismo*; se acreditam que ouvir um "não" é *potencialmente traumatizante* para suas crianças – como já analisei em trabalhos anteriormente publicados –, acabam adotando basicamente uma das duas atitudes: ou se imobilizam (deixam "o barco correr" para evitar erros) ou tentam passar a bola adiante. E a instituição em que confiam para isso é a escola. Por isso, tarefas que historicamente sempre foram da família hoje acabaram nas mãos dos professores. E, ainda assim, em muitos casos a transferência da tarefa não inclui, por mais estranho que possa parecer, apoio e/ou anuência desses mesmos responsáveis que se omitem diante do que era tradicionalmente um trabalho da família. Razão por que escolas que tomam a seu cargo tais incumbências têm sido alvo de processos, conflitos ou de transferência dos alunos para outras instituições.

Com tantas incumbências e situações conflitadas, dá para sentir e considerar que nem todos os docentes conseguem fazer o que deles se espera hoje em dia. De todo modo, em tais circunstâncias, é impossível não supor que, em meio a tantos objetivos, parte deles não seja alcançada. E, embora venham surgindo a cada dia novas incumbências e responsabilidades, a categoria só vem perdendo prestígio. A bem da verdade, professores nunca tiveram *muito* prestígio social. A reversão do quadro só se dará quando o resultado do trabalho docente se mostrar qualitativamente capaz de influenciar de forma positiva, palpável e concreta em termos de empregabilidade, desenvolvimento de competências e de habilidades atualmente requeridas pela sociedade. O que tem relação direta com ações basicamente governamentais e efetivas de valorização docente.

Tem nem-nem aí?

A geração de jovens que não estuda nem trabalha (chamada de *nem-nem*) cresceu em 2015! Já representa quase um quarto do total de jovens brasileiros (entre 15 e 29 anos), segundo a Síntese de Indicadores Sociais (SIS 2016) do Instituto Brasileiro de Geografia e Estatística (IBGE). Em 2012 eram 9,6 milhões. Só de 2014 para 2015, o percentual aumentou de 20% para 22,5%! O avanço foi ainda maior em relação a 2005, quando a proporção era de 19,7%, de acordo com o mesmo estudo.

O Brasil é um país que precisa – e *muito* – de mão de obra. Triste recordar que, há pouco tempo, tínhamos uma das mais baixas taxas de desemprego, enquanto em outros países o percentual só aumentava – por uma série de razões que aqui não cumpre comentar.

Analisar todos os aspectos desse complexo fenômeno daria vários volumes de uma coleção de livros. Decido, portanto, comentar apenas um deles, sobre o qual alerto há mais de vinte anos em livros e palestras, porque colabora, *sem a menor necessidade*, para o aumento do contingente: a expectativa que os pais passam aos filhos sobre o futuro.

Não são poucos os pais amorosos na atualidade que protegem tanto os filhos, mas tanto, que eles crescem "sem data de validade". Em outras palavras: não sentem que há um prazo, ainda que não rígido, para assumirem a vida adulta. É o que chamo de "alongamento da adolescência". Mimados e superprotegidos, esses jovens assim criados vão pensar no assunto (ser adulto) cada vez mais tarde, e alguns nem pensar vão – tal o grau de conforto, mordomia e proteção que têm em casa.

Para um jovem se tornar adulto – atenção, papais e mamães! –, é preciso que perceba que seus responsáveis colaboram e financiam estudos, lazer, roupas – tudo, enfim, e com amor e carinho –, mas não por tempo infinito. Nas gerações passadas, os filhos sabiam que se esperava deles um *upgrade* (só para usar um termo que muitos amam) lá pelos vinte, 23 anos, no máximo. Nos Estados Unidos, por exemplo, é uma vergonha para a família ter filhos maiores de dezoito morando na casa dos pais – e dependendo deles. Aqui, não. Há pais que dão tanto, mas tanto conforto e bens materiais sem jamais estabelecer, nem de longe, que existe uma data-limite para tal situação – e, mais ainda, que há uma retribuição necessária –, que os filhos se sentem num verdadeiro *hotel cinco estrelas*. Então, para que mudar tão deliciosa situação? Uma parte dos *nem-nem* permanece sem estudar ou trabalhar, porque nada nem ninguém lhe indicou que seria necessário e urgente adotar uma atitude proativa antes que, digamos, o tal prazo de validade se esgote.

Então é isso: devemos ajudar nossos filhos a iniciarem a batalha saudável e fundamental pela vida, sem dúvida alguma, mas deixando entrever, pelas nossas atitudes, que existe uma expectativa de que em tal ou qual momento deverão voar com suas próprias asas. Em outras palavras, eles têm que ter essa noção clara e definida na cabeça. Devem ter clareza também de que, embora adoremos a função de provedores, em contrapartida esperamos que eles aproveitem esse período – cada vez mais alongado pelas exigências do mercado – de forma produtiva.

Nunca apresentem aos filhos o futuro pronto, com muito dinheiro e tudo resolvido para e por eles. Jovens precisam muito saber que contam com nosso amor, amizade e proteção, mas não podem nem devem confundir essa certeza com a ideia perigosa e equivocada de que os sustentaremos por toda a vida – bem como aos nossos netos.

Quanto mais responsabilidades lhes derem (evidentemente dentro de suas possibilidades e habilidades), ao contrário do que fazem os pais de boa parte dos *nem-nem*, quanto mais cedo entenderem que terão sim que lutar pelo futuro, assumindo suas vidas e as consequências de seus atos, mais chances terão de evitar o caminho das drogas, da marginalidade e da frustração existencial. Mesmo que adiante tenhamos que ajudá-los mais dois ou três anos, não o anunciemos com antecedência. É disso que os jovens precisam: de engajamento em um projeto e de objetivos.

A inércia, a ociosidade e a certeza de que não precisam lutar por nada, porque os pais já lhes ofereceram a vida em bandeja de prata, empurram os jovens para o fastio, a depressão e para uma vida permanentemente vazia. Não é à toa que os percentuais de suicídio entre jovens vêm aumentando de forma assustadora – mesmo em países desenvolvidos! Falta-lhes projeto de vida, objetivos e engajamento em alguma causa que os faça sentirem-se vivos e úteis a si e à sociedade.

O Currículo Único – de novo

Em breve, teremos nova versão do Currículo Nacional Único, atualmente em fase de finalização. Quase com certeza, pouco depois, leremos nas várias mídias diversas matérias – parte das quais comemorando "a novidade que já devia ter acontecido". A outra parte, criticando o fato.

O que muitos não sabem é que, até em torno dos anos 1970, o Brasil *tinha* um Currículo Único. Quando comecei a lecionar, meus colegas e eu recebíamos do MEC o que chamávamos de *lençol*, um livreto que, aberto, desdobrava-se em folhas enormes (daí o apelido), que trazia, disciplina por disciplina, série por série, os *conteúdos* que deviam ser desenvolvidos *em todo o país*. Num dado momento, porém, as teorias pedagógicas começaram a preconizar que cada município devia definir, por si, o que ensinar – para que fossem respeitadas regionalidades. Hoje, volta-se a defender a necessidade de um currículo comum.

Fico aliviada com o retorno dessa *base* unificada, que, a meu ver, jamais se deveria ter abandonado. A primeira versão apresentada pelo MEC nesse novo e eterno retorno necessitava de tantos reparos – verdadeira reconstrução – que a próxima versão talvez careça de outra e outra mais. Causa perplexidade, porém, verificar que o Currículo Único – abandonado há cerca de três décadas, sob a alegação de atender a singularidades regionais –, na prática, significou deixar de ensinar capítulos importantes de História, Geografia, Matemática – de tudo! Que regionalidade, afinal, se atende ao suprimir o Holocausto da Segunda Guerra? Que característica se respeita quando *não* se ensina a interpretar gráficos?

A pretexto de respeitar especificidades, deixou-se de dar formação cultural, leitura compreensiva e cálculos básicos aos brasileirinhos. Hoje, 57% dos alunos de 8 anos não superam os dois primeiros níveis de leitura, e Matemática também faz corar: apenas 58% alcançaram os dois níveis iniciais. Dá para compreender que o novo documento seja esperado com ansiedade! Importa frisar, porém, que colocar no Currículo Único a responsabilidade de, a partir de sua implantação, superarmos os pífios resultados que obtemos há décadas é vã quimera. Há outras providências que precisam ser tomadas. A qualificação docente e a superação da insustentável situação da indisciplina e violência contra os docentes, que os consome e adoece, são duas delas.

Em respeito à verdade, preciso dizer, por outro lado, que "modismos na Educação" não acometem só o Brasil. A Austrália também demorou a perceber a necessidade de se voltar ao Currículo Único, mas já o fez em 2012. Há 5 anos! E nós finalmente estamos voltando à realidade...

A atual Lei de Diretrizes e Bases (LDB) determina que o novo Currículo Único tenha base nacional comum e parte diversificada, coadunando as duas necessidades. Em outras palavras, o que o Currículo Único tem como meta é definir os saberes e competências mínimos que *todos* devem ter adquirido ao final da Educação Básica – porque fazem diferença na vida, no exercício da cidadania e na promoção da igualdade social. E mais: garantem que um aluno transferido, por uma necessidade qualquer da vida, do Acre para o Rio, por exemplo, possa ter assegurada a *continuidade* dos estudos.

É bem-vindo, pois, o Currículo Único *de novo*; mas tem que haver continuidade nas decisões, para que não tenhamos que partir do zero a cada novo ministro.

Educação, para valer e ter qualidade, deve ser um projeto do Brasil, e não de um governo, de forma a suplantar modismos e gestões.

Brasil em primeiro!

É verdade, ficamos em primeiro! Antes de comemorar, porém, leiam com cuidado: estou me referindo ao estudo que a Organização para a Cooperação e Desenvolvimento Econômico divulgou faz pouco, e no qual ocupamos o primeiro lugar em... *indisciplina ou bagunça na sala de aula!*

Somos o país – nada a comemorar – cujos professores *mais perdem tempo para combater a indisciplina* (20% do tempo, mais 12,2% em tarefas como *fazer chamada, pedir que se sentem, implorar atenção à chamada ou ao que se vai trabalhar naquele momento* – e somente 67% – o que sobra depois de todo esse desgaste! – em atividades pedagógicas). Diante do quadro devastador, sobram teorias e especulações.

Segundo alguns, falta ao docente domínio de classe; outros apontam a falta do aparato da tecnologia para resolver o problema; há os que afirmam que as aulas são desmotivadoras e a bagunça, mera consequência disso. Embora a maioria dessas afirmativas possa até ter certo fundo de verdade, o que me choca é perceber que poucos compreendem que, dado o histórico recente da maioria das medidas governamentais visando apenas atender interesses estatísticos, não se poderia esperar outro resultado. Preocupam-me, sobremodo, as afirmativas que culpabilizam o professor – e que param por aí. Sim, não há como não ter havido queda na qualidade da mão de obra docente – mas apenas como em todas as demais áreas do conhecimento no Brasil.

A questão da qualidade da formação acadêmica no nosso país é dramática. Em todas as áreas. E o problema é complexo e se agrava ano a ano. No caso do magistério, especificamente, a questão vai além do racional: professor apanhar de aluno ou ser xingado já é corriqueiro. E sim, alguns docentes erram – afinal, ninguém é perfeito.

Não nego que todas as hipóteses acima têm *certa* razão. Não atacam, porém, a raiz do problema. Estudo que empreendi em 2006, com cerca de dois mil docentes, mostrou que de norte a sul do país professores consideram a indisciplina e a falta de respeito dos alunos seu mais grave problema. E sinto dizer: boa parte dele se origina na família e, claro, pode se agravar se a escola não for de qualidade.

Verdade é que boa parte dos pais deixou de lado o que tão bem fazia: a socialização primária, que nada mais é do que ensinar limites, respeito a colegas e autoridades – enfim, as bases da boa educação. O que faz muita diferença. E era o que permitia aos docentes iniciar a aula tão logo entrassem em sala. Hoje demanda meses para que alcancem a *situação de aprendizagem* – um conjunto de condições que têm que estar presentes no ambiente para propiciar concentração e foco, essenciais no processo de aprender. Turmas muito indisciplinadas tornam impossível até mesmo *escutar* o que o professor diz – quanto mais se concentrar! Aprender assim é loteria. Claro, o professor tem ação preponderante no processo. Mas na sala de aula que se rege pelo descompromisso, cadeiras e bolinhas voam! Além disso, há toda uma situação dita "politicamente correta" que inibe que se faça qualquer sanção a alunos recalcitrantes.

A situação beira o insolúvel. Contribui bastante para o caos a postura de alguns pais que ameaçam trocar o seu "anjinho" de escola, quando contrariados em relação ao que consideram que o professor deveria fazer ou, pior ainda, quando dizem que vão "denunciar à imprensa" o ocorrido (que nem sempre ocorreu realmente). Tudo isso junto levou os alunos à percepção de que podem fazer tudo que quiserem que nada lhes acontecerá.

E podem mesmo, em muitos casos. A escola tornou-se refém dos que insistem em torpedear a própria aprendizagem – e acabam prejudicando todos. Então, antes de comprar tablets, celulares e mais o que surja no mercado para os filhos, é preciso que os pais e as autoridades educacionais trabalhem no sentido de garantir espaço mínimo de liderança pedagógica ao gestor e a sua equipe, sem o que é impossível propiciar qualidade.

Claro, o professor deve dar aulas modernas e usar meios que ajudem a motivar os estudantes. Mas é importante saber que, se seis em cada trinta alunos não querem fazer nada a não ser pular e cutucar colegas, e se o professor não tem meios para impedi-los, acabam tornando impossível aos demais até mesmo... *ligar o tablet!*

E aí, aprender o quê? E ensinar como?

Cadê a qualidade? Sumiu...

Dados de 2012 do IBGE: 24% dos jovens de 25 a 34 anos ainda vivem com os pais; o fenômeno é mais frequente entre rapazes e, em dez anos, aumentou 4%. Já há até um projeto de lei que visa a ampliar a idade dos dependentes no Imposto de Renda para 28 anos, ou 32 no caso de estudantes de nível superior, para diminuir a carga de gastos dos pais. O fato não é somente brasileiro; é mundial. Em meu livro *Encurtando a adolescência*, de 2006 – e lá se vão mais de dez anos –, tratei do tema, mostrando que esse alongamento da dependência parental resulta de uma série de fatores. Vou analisar aqui um deles: as mudanças no mercado de trabalho.

Com o mercado de trabalho mais exigente, apenas ter curso superior não é garantia de nada – como já foi. Verdade? Em parte, sim: um médico, após se formar, hoje precisa estudar mais três ou quatro anos dependendo da especialidade, além dos seis da graduação, fazendo residência e especialização para se tornar de fato competitivo frente à realidade.

Há também várias outras profissões em que o contingente de formados supera a capacidade de absorção do mercado. Deveria ser motivo de júbilo (mais jovens com ensino superior, que beleza!), mas cuidado: pelo menos no Brasil da atualidade, nem sempre diploma significa competência. Centenas os recebem com saber questionável (a começar pelo Ensino Fundamental, do qual muitos saem sem compreender o que leem e, a partir daí, as coisas só podem piorar), tornando-se não atraentes para empresas que desejam desempenho nível século XXI. É a tão propalada "crise de mão de obra".

Trabalhei no Ensino Superior por 25 anos e, a cada semestre, se tornava mais difícil compreender o que boa parte dos alunos pretendiam dizer quando escreviam. A situação não é privilégio dos cursos de formação para o magistério. Basta ver a quantidade de bacharéis em Direito que não consegue registro, por reprovação no exame da OAB.

O Conselho Regional de Medicina de São Paulo, que faz pouco tempo realiza exame semelhante ao da OAB, em 2013 teve 59,2% de reprovados, quase 5% a mais que em 2012 – quando foram 54,5%! A tendência é crescer ainda mais... Com a diferença de que o exame do CRM não impede o trabalho, mas o da OAB, sim. Coitados de nós quando, já velhinhos, precisarmos de bons médicos...

Com a qualidade do ensino em queda – apesar das sempre muito otimistas declarações oficiais –, ao tentar entrar no mercado, o jovem se vê diante de insuspeita realidade: não sabe nem metade do que deveria. Resta a casa do papai (não é a única razão, mas é uma delas). Governos se sucedem e nenhum assume que o ensino está mal. E quem paga por isso? A população, os jovens – e os pais...

Está mais do que na hora de parar de *aprovar quem não aprendeu* (começa no Ensino Fundamental e por aí vai) e de exigir dos nossos governantes seriedade no trato com a formação das novas gerações.

Também está na hora de se parar de defender quem não quer saber de estudar e de *passar a mão na cabeça* dos que não se esforçam, baseados na não comprovada teoria de que ficarão traumatizados porque não passaram de ano. Precisamos fazê-los vencer suas fraquezas – isso sim. Por melhores que sejam os docentes, sem *suar a camisa* ninguém aprende. A escola pode ser divertida, sim, como defendem tantos. Deve. Mas isso não faz aprender regras gramaticais magicamente. É preciso estudar. E estudar muito. E de novo... Até dominar o que se deseja aprender.

Além do que, estudar nunca fez mal a ninguém, nunca! Passar sem saber, sim. E pior do que não saber é *pensar que sabe.* Isso sim é traumatizante, e acabei de mostrar uma das consequências: a não empregabilidade.

Traumatizante mesmo é se formar e não saber o que fazer por um paciente que sofre – ou fazer piorar a sua dor; frustrante é não saber como orientar um aluno a superar suas dificuldades na aprendizagem; ou não saber em que basear a defesa de um inocente.

Só aos maus políticos interessa que a situação alarmante continue como está, porque contarão assim com uma população facilmente ludibriável, massa de manobra para reiteradas reeleições e, também, a governantes desonestos, aos quais só interessa melhorar estatísticas, seja a que preço for e sejam quais forem as consequências para as novas gerações, para a sociedade e para o país.

Escolas nas mídias!

Duas escolas viraram manchete aqui no Rio há algum tempo. Infelizmente, porém, não para serem elogiadas. Bem conceituadas, ambas tiveram seu histórico de trabalho colocado em xeque devido à desastrosa atitude de dois professores. Atuando de forma totalmente equivocada do ponto de vista educacional e didático, conseguiram abalar a história de bons serviços de ambas as instituições.

Justo ou não, o mundo funciona assim: um erro no presente pode abalar um passado inteiro de acertos. Por isso é *fundamental* que os gestores estejam à frente do trabalho pedagógico, *atentos* à ação de coordenadores e docentes, porque é essencial que toda a equipe conheça e abrace, de verdade, o projeto pedagógico da escola, para evitar que ações isoladas e totalmente fora dos objetivos ocorram.

Mas o que fizeram de tão grave os mestres em questão? Ignoraram cabalmente um dos princípios básicos que devem nortear professores: *a isenção*. Um professor de qualidade jamais *conduz* ou *induz* alunos a esta ou àquela posição política, religiosa, artística ou ideológica. O dever do professor é apresentar fatos, posturas e posições que coexistem na sociedade e no mundo. Também é essencial trazer para a aula interpretações diversas acerca do tema, visando levar os alunos à reflexão.

Questões polêmicas são as que demandam mais cuidados. O bom professor traz a discussão para a aula, mas a embasa com textos de profissionais de gabarito e posturas até antagônicas, de forma a propiciar uma análise plural, garantindo não apenas conhecimento dos problemas que afetam o mundo, mas também o leque de opiniões e posicionamentos. É assim que se formam consciências: ensinando a pensar e dando base ao raciocínio de quem está em formação.

O que seguramente não compete ao professor – e foi o que ocorreu – é tomar partido, menos ainda se valer da sua posição para pressionar ou induzir nesta ou naquela direção. Se os alunos perguntam-lhe o que pensa sobre o tema, só nessa hora é que o professor revela seu pensamento e, ainda assim, *se desejar*. O aluno tem que ter assegurado o direito de livre pensar e de se autodefinir – sejam questões éticas, políticas ou sociais.

A polêmica do caso surgiu porque questões de prova dos referidos docentes foram postadas na web, tal a revolta que causaram entre os alunos. Altamente preconceituosas, e revelando escasso saber histórico, chocaram; ainda mais por se tratar de uma avaliação, o que revela, de forma contundente, condução de pensamento, porque se exigia do aluno que marcasse *a opção correta*, e, no caso, correta seria somente a opção *alinhada com a posição política* dos professores. O que permite deduzir a forma pela qual o assunto foi tratado nas aulas.

Se ainda havia dúvidas sobre a necessidade de se repensar a formação dos professores, elas terminam nesse episódio. Urge trabalhar seriamente, em todos os cursos de formação, de modo a reafirmar como pressuposto básico a ética da carreira – que deve preponderar sobre tudo o mais.

Há que se cuidar desse fundamento essencial, porque de nada adianta repensar a escola do século XXI, equipá-la com aparato tecnológico espetacular, torná-la sem paredes, ou sem séries, antes que princípios comezinhos do processo de ensino-aprendizagem estejam consolidados para quem ensina.

O CTI do ensino

Quando alguém está doente, muito doente mesmo, não com uma gripezinha qualquer, mas se sentindo assim meio que perto da morte, faz o quê? Corre para o médico. Ou melhor, para o hospital! Não é mesmo? Porque a vida é o mais precioso bem. Porque valorizamos nosso maior bem. E o que queremos receber ao chegar ao hospital? Tratamento de *Primeiro Mundo*, médicos de categoria nos examinando – e logo! –, à disposição exames de qualquer tipo que se faça necessário para nosso doutor tirar suas dúvidas e, dessa forma, com o máximo de segurança possível, indicar a solução para o problema! Maravilha! Não é assim? Nossa saúde agradece.

Mas quando se trata de Educação, por que o pior parece ser sempre o melhor? Nossa rede de ensino está agonizante, mas poucos estão levando a sério as reais condições do "paciente", que já se tornou, há muito, im-paciente. Será que tal situação não está diretamente relacionada com o lugar que a Educação ocupa dentro da escala de valores da sociedade: sempre entre os últimos?

Analisemos duas medidas recentemente anunciadas: para resolver o problema do desinteresse dos alunos e do alto número de faltas às aulas em escolas situadas em áreas de risco, foi apresentada pela Secretaria Municipal de Educação do Rio de Janeiro a ideia de convocar voluntárias (parece que serão mães, de preferência) na comunidade onde a escola está inserida, para que, em troca de ajuda de custo e grande boa-vontade, mobilizem e apoiem afetivamente os jovens, que, em consequência – espera-se – passarão a comparecer às aulas, a estudar mais e melhor. Sem desfazer as enormes possibilidades do amor: é plausível esperar que essas pessoas consigam o que os docentes não conseguiram? E, pensando bem, escola de qualidade se faz assim?

Outra medida que me despertou tristes interrogações: alunos com problemas de aprendizagem, que, como sabemos, não são poucos, terão *afinal* sua Recuperação Paralela concretizada (compreenda-se aqui Recuperação Paralela como parte indissociável do processo de ensino-aprendizagem, fundamental para o bom desempenho dos alunos, e obrigatória desde 1972, por força da atual e da anterior Lei de Diretrizes e Bases), que será afinal implementada. Pelo atual projeto, a concretização do objetivo será feita por docentes e estagiários, estes últimos, alunos dos cursos de formação para o magistério. Também sem menosprezar intenções, pergunto (é só uma pergunta): será viável supor que um profissional em formação se desincumbirá melhor de tão importante objetivo do que docentes formados, com experiência e mais preparados? E, ainda que se efetive sob supervisão, os estudantes terão mais capacidade para esse trabalho – ou se trata apenas de usar mão de obra barata e disponível?

Talvez a resposta se encontre na mesma lógica torta que, até hoje, décadas depois de eu começar a trabalhar como professora na rede pública de ensino, mantém em vigor a estratégia de designar professores novatos para as turmas mais "difíceis". Ou talvez seja porque aqui, na terra onde canta o sabiá, educação não é, de fato, importante. Ações revelam mais que discursos. E fala-se muito, atualmente, em priorizar e resolver a questão da qualidade do ensino brasileiro. Contudo, analisando tais propostas, é possível acreditar realmente que estamos chegando lá?

Para o doente grave, o especialista tarimbado. E para nossos alunos? Não conheço outra profissão que incremente qualidade de resultados delegando a pessoas não especializadas e a baixíssimo custo a resolução de problemas que se agigantam há décadas.

Que ninguém deplore, mais tarde, a perpetuação dos baixos níveis de qualidade no ensino.

Por que será?

Faz quatro ou cinco décadas que começamos a descer a ladeira da qualidade na educação, época em que, além disso, se começou a questionar os métodos do ensino. Abandonou-se quase tudo que se usava até então; jogou-se fora o joio e, infelizmente, também o trigo: o que parecesse tradicional na escola – da qual os alunos saíam lendo, escrevendo e dominando operações matemáticas básicas – foi, à época, taxado de ultrapassado e substituído pelo que se imaginava moderno. Exemplos? A prova oral passou a ser vista como "humilhante" – e foi abolida; as finais, que avaliavam o conteúdo de todo o ano letivo, passaram a ser bimestrais. *Por que será* que se deixou de avaliar a competência de síntese, que denotava a visão do todo aprendido? A Lei 5.692/71 institucionalizou a avaliação por conceitos, em vez das tradicionais notas, mas a maioria das escolas particulares não a adotou. *Por que será?* Perceberam talvez o quanto é difícil diferençar, com justiça, um aluno R (regular) de um B (bom)?

Induziram a sociedade a acreditar que se o aluno não aprende é porque *o professor* não ensina direito, jogando, pois, toda a responsabilidade do aprender no professor. Sim, aulas de qualidade devem ser didáticas; mas o aluno tem parte ativa no processo... ou não? Não é pequeno o número de jovens que hoje abandona os estudos, afirmando que "a escola é chata" – e se tornam, assim, fortes candidatos a engrossar a geração *nem-nem* (nem trabalha, nem estuda). No passado, as aulas eram, sem dúvida, muito mais maçantes – e não se ia embora.

Por que será?

É que há algumas poucas décadas a sociedade não abraçava ideias pseudopedagógicas: professores e escola eram de fato autoridades educadoras; e, acima de tudo, a família apoiava a ambos. Para piorar a situação atual, as tão exaltadas *novas teorias* foram implantadas sem infraestrutura e sem o treinamento docente que garantiria resultados minimamente efetivos. Assim se vem agindo aqui, infelizmente: sem a seriedade que mudanças que envolvem o futuro das nossas crianças merecem. Não é à toa que chegamos ao beco que, *parece*, sem saída. A postura paternalista que domina nossas autoridades educacionais infantiliza, criando a ideia de que aprender é sinônimo de "se divertir", utopia que só faz crescer o número dos que abandonam os estudos e depois, frente à realidade da vida, percebem que não conseguem ganhar mais que salário mínimo!

A sala de aula é o local no qual se adentra porque é vital aprender para viabilizar independência intelectual e social; não obrigatoriamente o local em que crianças e jovens se divertem – embora o possa ser *também*, mas não todo o tempo. Professor não faz milagres, por melhor que seja.

É preciso que os jovens compreendam. Mas, antes, é preciso que seus pais compreendam que, *quando adquirem saber, estão favorecendo a si próprios, a ninguém mais*.

Aprender é pré-requisito da vida moderna. A sociedade precisa se perguntar – e responder! – a quem interessa manter as novas gerações com expectativas e sonhos irreais, ao invés de trabalhar para conscientizá-las de seu papel frente a estudos, formação e ao seu futuro.

Previsíveis previsões

Quando o resultado do IDEB de 2015 finalmente saiu, gerou comentários em jornais, redes sociais, TV – a maioria mostrando perplexidade diante dos resultados desalentadores. Dentre tantos, houve consenso apenas em relação aos sofríveis resultados do Ensino Médio, o que gerou propostas diversas: algumas reafirmando a necessidade de mudanças curriculares; outras apostando no aumento da carga horária – que já consta do Projeto de Lei 6.840/13, que trata do Ensino Médio Integral; houve quem sugerisse adotar o Currículo por Áreas de Estudo, utilizado no Ensino Fundamental à guisa de solução.

Não faltaram ideias! O ministro da Educação fez discurso taxativo reiterando a necessidade de mudar o currículo do Ensino Médio. E eis que ele está pronto e prestes a ser implantado.

O que me deixa insone, porém, é verificar que, entre as inúmeras discussões, não tenha havido uma referência sequer ao que previ e consta em meu livro publicado no distante ano de 2006! Não que eu tenha algum dom de adivinho; é que me parece cristalino: como não esperar grave crise de qualidade no Ensino Médio se, faz tempo, estamos tendo resultados pífios a cada avaliação nacional ou internacional a que se submete o Ensino Fundamental brasileiro? O Ensino Médio sequencia o Fundamental. Como não imaginar que resultados ruins numa etapa não provoquem, obrigatoriamente, resultados também baixos a cada uma que se sucede? Um nível é progressão do outro. Também não dá para não prever – com igual e triste clareza, e mesmo não sendo dotado de capacidade extraterrena – que até nichos de qualidade, como são ainda as universidades públicas brasileiras, aos poucos, não acabem tendo resultados gradativamente decrescentes? Em outras palavras: se o Ensino Fundamental está péssimo há décadas, é óbvio que não se pode esperar nada de diferente, anos depois, do Ensino Médio, e mais outros depois disso, do Ensino Superior.

É bola de neve sem remédio. A não ser que – ironizando – as autoridades tenham a "incrível" ideia de universalizar a aprovação automática: uma penada e acabou-se o problema. Seremos então nação sem igual, composta, toda ela, de engenheiros, enfermeiros, médicos, professores e cientistas! Todo mundo com canudo de papel (desempenho por aqui parece ter cada vez menor relevância: as autoridades pouco se importam com isso). Seremos nação com diploma (e sem saberes), orgulhosa do "crescimento" inigualável da multidão de diplomados em nível superior! E é bem provável que, à época, ninguém perceba a razão de tantos mortos e feridos, já que ninguém estará apto a "fazer o link" (como é chique se falar agora).

Quem construiu casas que desabaram, conduz os feridos a hospitais onde equipes também despreparadas completarão o estrago, e onde pacientes serão facilmente trocados, ou medicados de forma errada, visto que também não se saberá preencher ou ler formulários. Será bem fácil perder de vista entes queridos, porque, no percurso da incompetência, alguém não conseguirá interpretar instruções do mapa que os conduziria à exata alameda de uma das inúmeras quadras do cemitério, onde o ente querido descansa, agora, em paz.

E assim viveremos entre um sobressalto e outro. Mas todos com canudos de papel, certamente.

Quem viver, verá!

Reforma ou remendo?

Só de ouvir falar em Reforma na Educação me arrepio! Afinal, com mais de quatro décadas de trabalho na área, sou testemunha ocular das caminhadas errôneas dessa profissão.

Uma das primeiras de que me recordo pretendia *atender às peculiaridades da cultura do país.* Por isso aboliram-se os *programas*, que eram únicos em todo Brasil, e orientavam professores sobre o que ensinar. Segundo especialistas, eles *uniformizavam* a educação, e atender às características culturais de cada região se fazia necessário. Passadas três décadas, eis que já reativaram o que havia sido banido.

Também me recordo de outra, que jogou no lixo as cartilhas, odiadas pelos construtivistas. Também voltaram a ser usadas, porque o fracasso na alfabetização foi sem par. Pergunto: em que se baseiam as autoridades em suas decisões? Em estudos que mostram o que precisa ser mudado, ou em ideias que lhes são simpáticas? Tantas reformas! E a qualidade do ensino sempre em queda...

Outra, mais recente, implantou a Progressão Continuada, exaltada como solução para a repetência na 1ª série. Os docentes a apelidaram, com razão, de Aprovação Automática, porque foi só o que ocorreu. Deu no que deu: hoje não temos tão alto índice de reprovação no Fundamental I, mas a partir da 6ª série, quando a *aprovação automática* termina, os índices sobem de novo. Bem que o ministro de então tentou adotar o modelo *também de 6ª a 9ª séries*. Não conseguiu. O que se fez para resolver o problema foi pressionar – e bota pressão nisso! – os docentes a não reprovarem. Facilitou-se a conclusão da 9ª série – e minou-se mais um pouco a autoestima e a autoridade dos docentes. Teria sido lindo aprovar todo mundo, se não tivesse sido à custa do saber.

Era de se esperar, portanto, que reprovação e evasão migrassem para o Ensino Médio – como está ocorrendo. Não por outra razão, começou-se a ouvir a expressão "suprimir gorduras" do currículo do Ensino Médio. A "bolha" da retenção, inicialmente perceptível ao final da 1ª série do Ensino Fundamental, migrou para a 6ª também do Fundamental, e, correntemente, alguns anos depois, para o Ensino Médio. Acena-se, de novo, com facilitação.

Nem parece que o mercado de trabalho, a cada dia, grita e esperneia alto para alertar sobre a crise de qualidade da mão de obra. Nosso trabalhador hoje tem dificuldade até para interpretar manuais de instruções!

Assim, a triste saga da educação no nosso infeliz e belo Brasil tem nos afastado mais e mais da necessária qualidade, essencial para que a massa de brasileiros possa ganhar o pão de cada dia.

A reforma pretendida busca suprimir do currículo do Ensino Médio o que o diferencia do Ensino Fundamental: o aprofundamento de conhecimentos e a preparação para escolhas profissionais que se farão em breve.

Ensino Fundamental, como o nome diz, é o que dá (ou deveria dar) base! Suprimindo-se conteúdos mais complexos (que estão sendo chamados de "desnecessários"), que estariam provocando a evasão no Ensino Médio, resolve-se o problema: todos se formam e ficam felizes (e especialmente se melhoram as estatísticas).

Sim, é difícil aprender – especialmente *para quem não recebeu a base a que tinha direito.*

E... nem!

Está nos jornais: 53 mil inscritos no ENEM-2015 tiraram zero em redação! E, em três das quatro áreas que compõem o exame, a média caiu. Quer dizer, decorridos doze anos de estudos no Ensino Básico, muitos jovens continuam sem saber escrever corretamente e sem conseguir se expressar bem. Em 2014, apenas 250 haviam alcançado nota máxima. Em 2015, o número despencou: 104! É de se estranhar, pois, que o ministro da pasta considere como *"oscilações normais"* tal descalabro. Certamente algo muito sério está ocorrendo: se somarmos 37% dos que fizeram menos de 500 pontos com 33% (entre 501 e 600 pontos), teremos quase 70%! Significa dizer que quatro milhões de jovens, às vésperas de ingressarem no mercado de trabalho e/ou no Ensino Superior, mal conseguem resolver problemas simples, interpretar dados de manuais e compor um relatório corriqueiro! São, pois, reduzidas suas chances de autossuficiência profissional e ascensão social.

Que ninguém me diga que a causa de tudo é que *os mais de dois milhões de professores brasileiros* são conservadores e adoram reprovar. Escolas que utilizavam métodos hoje tidos como antiquados cumpriram seu papel com eficiência no passado recente. Hoje em dia, há as que conscientemente adotam métodos conservadores com ótimos resultados. Não defendo o método A ou B; minha experiência me ensinou que, bem utilizados, quaisquer deles dá bom resultado. É que a causa do problema não é apenas metodológica – é sobretudo *política*.

Por outro lado, assusta constatar que, em 2016, uma das áreas que ofereceram mais vagas para o nível superior foi Pedagogia. A situação é crítica porque mesmo tais vagas continuarão não preenchidas, já que boa parte dos poucos que optam pelo curso não pretende trabalhar em Educação, como demonstraram recentes pesquisas. O mesmo ocorre nas licenciaturas. Afinal, quem quer ser professor hoje, quando o primeiro grande desafio é conseguir fazer os alunos compreenderem que se qualificar é diferencial para a vida deles próprios? E que, embora seja direito assegurado por lei, vale lembrar que todo direito remete a dever correspondente. O docente precisa dar aulas motivadoras e usar metodologia adequada, sim; mas o aluno tem que entender que é *ele* o maior interessado em progredir. E progredir demanda *se dedicar* e *ser disciplinado*. O que impera em nosso meio, porém, é a ideia de que é mister fazer com que, nas aulas, estudantes se sintam tal e qual estivessem na web ou nos joguinhos eletrônicos!

Enquanto especialistas discutem o problema do celular e assemelhados em aula, a realidade é que ainda temos mais de uma centena de municípios sem *uma só* biblioteca pública! E como tornar a aula *uma festa* se, em salas lotadas e sem infraestrutura, docentes mal conseguem se fazer ouvir, tal o nível de indisciplina? Devolvam o poder aos gestores escolares e aos docentes, que, a seguir, muito se poderá solucionar.

A escola profanada

Um dia lindo, calmo, céu azul, sem nuvens. Tudo tranquilo. O mundo parece seguir seu almejado destino de paz.

De repente, a notícia que a todos aterroriza, revolta, choca: um adolescente, de classe média, entra na escola em que estudava e atira, mata, fere... sem dó nem piedade. Nos EUA ou no Brasil, em qualquer lugar, corações se afligem. Nos noticiários angustiantes, atos semelhantes começam, dia após dia, a se suceder. Subitamente, todos – pais, educadores, juristas, psicólogos, sociólogos, leigos, cidadãos comuns – se interrogam: de quem é a culpa? Será crueldade ou insanidade? O que quer que seja, de onde surge? Todos anseiam por explicações. A escola, através dos tempos, sempre foi lugar seguro para nossos filhos. O local do saber, da cultura, da educação, foi profanado. Sofremos todos. Onde, afinal, a segurança? Nos lares, não mais (tantos assaltos e crimes ocorrem no reduto dos mais bem defendidos apartamentos), nos condomínios também não (e as gangues?), nas ruas, nem pensar. Agora, parece que perdemos o último baluarte de segurança e paz.

Apontar culpados ou denunciar causas é tarefa complexa, talvez até pretensiosa. Algumas pistas podem ser, porém, levantadas com certa margem de segurança. É preciso, no entanto, ter consciência de que certamente não há *uma* causa, mas *um conjunto de fatores* que oportunizam a eclosão destes acontecimentos revoltantes, que aviltam a todos nós, a toda a espécie humana.

Estes fatores podem ser divididos em dois grupos – sociais e individuais.

Entre as causas sociais, podemos destacar, sem medo de errar, o consumismo exacerbado, a competitividade, o individualismo, a má distribuição de renda, a crise ética, a impunidade e a corrupção, o fácil acesso da população a armas, o crescente desemprego, o seriíssimo problema das drogas – só para citar alguns.

Com esses ingredientes, a cada dia nossa sociedade torna-se mais e mais violenta. Mas não são apenas os assaltos, estupros e assassinatos que preocupam. Outra forma de violência, poucas vezes percebida, é transmitida subliminarmente desde programas humorísticos, nos quais o riso é provocado humilhando-se o mais fraco, o negro, o homossexual, o pobre ou o portador de deficiências físicas, até desenhos animados, onde a agressão e a falta de amor ao próximo são a tônica. Estas mensagens repetidas exaustivamente, em noticiários sensacionalistas, em que guerra, sofrimento e morte são transmitidos com detalhes terríveis, somados ao hiper-realismo da cinematografia de hoje – tudo isso junto –, pode produzir nas crianças e jovens em formação (espectadores que são de horas e horas de violência desde os mais tenros anos) uma gradual perda da sensibilidade e da capacidade de se indignar, fundamental para o desenvolvimento da empatia e da solidariedade. É como se elas fossem "se acostumando" com a crueldade, a truculência, a miséria humana, a degradação. E esta situação é por elas percebida como se fosse incontornável, imutável.

A essa dessensibilização produzida pela exposição à violência, junte-se uma sociedade que estimula o individualismo e a competição, na qual a má distribuição da renda impera e, especialmente, a grave crise ética a que assistimos hoje, derivada da impunidade e da corrupção que permeia todos os níveis das instituições sociais, e poderemos começar a compreender melhor o que leva tantos jovens à marginalização, à desesperança, às drogas e a atos criminosos. A criança cresce consumista, individualista, insensível, assistindo diariamente a graves denúncias – raramente punidas com o rigor necessário –, que alimentam a desesperança nas instituições sociais e, o mais grave, acreditando que o mundo tem que ser assim mesmo. O que certamente fortalece a crise ética e a descrença nos valores humanos, num doloroso e crescente círculo vicioso.

Por outro lado, os aspectos individuais entram nesse panorama da seguinte forma (explicando de maneira simplista): cada pessoa tem, desde o nascimento, um diferente nível de agressividade e uma forma, também diversa, de interiorizar os fatos que ocorrem a sua volta. Algumas têm um equipamento de percepção mais positivo, enquanto outras interiorizam os eventos de maneira quase sempre negativa. Quer dizer, uma criança pode decodificar uma palavra mais severa que lhe é dirigida (a simples correção de uma atitude que a mãe ou um professor lhe dirija, por exemplo) como falta de amor; outra, na mesma situação, porém com uma percepção mais positiva, poderá interpretá-la como preocupação e afeto. Uma pessoa que, além de já ser naturalmente agressiva, possui uma percepção negativa do que ocorre a sua volta, e que, além do mais, cresce no seio de uma família desatenta, desestruturada e desarmônica, poderá, em determinadas circunstâncias, desenvolver um comportamento socialmente patológico. São esses fatores, entre outros, que influenciam a constituição da autoestima mais ou menos elevada, gerando cidadãos mais ou menos equilibrados emocionalmente.

Além disso, para nossa consternação, alguns estudos da Psiquiatria vêm conduzindo à ideia de que existem pessoas que trazem, dentro de si – inatamente –, o germe da violência (pobre Rousseau...). Se, aliada a esta característica pessoal (caso ela realmente exista) juntarmos os fatores sociais e familiares acima descritos, compreenderemos por que e de onde surgem, em dadas circunstâncias, indivíduos que, em maior ou menor grau, com maior ou menor planejamento, a partir de um evento qualquer desencadeiam agressões ao outro.

Nesse contexto, a escola torna-se apenas o local onde se reflete, como em qualquer outro lugar, o que a sociedade propiciou. Uma sociedade violenta – que incentiva na sua base ideológica o preconceito, o predomínio dos bens materiais sobre os valores éticos, corrupta, e que deixa impune seus maiores transgressores –, agindo sobre um indivíduo potencialmente violento e que se sinta de alguma forma preterido ou mal-amado, tem todos os ingredientes necessários para, em um determinado momento, desencadear a barbárie.

Não se pode esperar que nenhuma instituição, seja a escola ou outra qualquer, esteja a salvo da contaminação do que ocorre na sociedade. Procurar "culpados" dentro da escola é uma forma simplista e altamente confortável de explicar uma situação tão complexa, onde tantos interesses estão em jogo, e, desta forma, acalmar os ânimos. Culpando a escola, a metodologia de ensino, os professores mal preparados, os currículos anacrônicos – ou tudo isto –, acalma-se a consciência e a ansiedade de muitos. E tudo fica como está.

Ou mudamos os elementos básicos que alicerçam a sociedade atual e que propiciam a eclosão da violência latente, voltando-nos para os valores que verdadeiramente nos dão humanidade – empatia, solidariedade, justiça, honestidade, honra, cooperação, respeito ao outro –, ou continuaremos a assistir, assombrados, a atos de vandalismo, agressões e loucura cada vez maiores.

PARTE 2

Os modismos em Educação

A mocinha do crachá

Fui participar de um Encontro de Educação. Lá chegando, apresentei-me à recepcionista, em um dos guichês montados unicamente para receber os convidados que falariam no evento. A jovem a quem me dirigi, muito bem arrumada, mal levantou os olhos da lista que consultava, perguntando, como se gélida máquina fosse: *"Nome? Instituição?"*

Estranhei, porque não é habitual ser recebida dessa forma. Dei um sorriso, procurando suavizar o clima – mas não funcionou. Nada – nem um mísero sorrisinho de cortesia. Obediente, forneci-lhe os dados. Demorou um tempo até que ela conseguisse localizar meu nome e o de mais uma pessoa que chegara na "extensa lista" que não tinha mais de duas páginas e estava em ordem alfabética! Tive que repetir duas vezes mais as informações, visto que ela as esquecia durante a busca.

Tentando ajudá-la, percebi que a mocinha não dominava a habilidade básica "ordem alfabética". A cada vez reiniciava o processo desde a primeira linha da relação, parecendo ignorar que a letra "T" estaria, obrigatoriamente, na segunda página, já que é das últimas do alfabeto. Resisti à vontade de apontar meu nome, com medo da reação da jovem. Assim, depois de alguma espera, finalmente ela encontrou o meu nome e o da outra moça que chegara! Então nos indicou umas cadeiras. Evidentemente, queria que aguardássemos seu retorno com os crachás. Não disse "por favor", "um momento" – nada.

Antes de cada palestra, gosto de testar o material de mídia que vou utilizar, mas essa operação, que geralmente leva cinco minutos, já levara uns quinze! Bem, mais uns dez minutos após nos sentarmos obedientemente, afinal nossa protagonista retornou. Com o mesmo ar de superioridade, nos concedeu o salvo-conduto, sem esquecer de fazer um peremptório gesto com uma das mãos, à guisa de "coloquem o crachá na blusa". Foi quando percebi – ai, meu Deus! – que o nome da instituição estava grafado erradamente. Havia uma letra a menos. E são somente quatro!

Quando apontei o engano, ela me encarou com incredulidade e disse: *"Vai querer que refaça?"* Minha resposta afirmativa fez surgir um "oh" mudo em sua boca, que dizia *"Que gente absurda tenho que aguentar! Afinal, o que é que tem demais UFJ – é bem parecido com UFRJ, não?"*. Outros quinze minutos depois, retornou. E o nome da instituição estava correto! Com medo, percebi outro erro: agora o meu nome fora grafado erradamente. Confesso que, por um momento, pensei em deixar como estava. Mas não me chamo Sânia, então lhe pedi que o refizesse.

Felizmente, a história terminou sem mais erros. Consegui até iniciar minha apresentação no horário, que incrível! Não pude deixar de constatar, porém, que diante de mim se concretizava um dos meus piores pesadelos. A crise da qualidade já é real. Quantos minutos cada trabalhador terá que perder numa operação simples como a relatada? E nas mais complexas? Multipliquemos os erros – no caso simples do incidente foram três idas e vindas. Imaginemos esses vinte minutos perdidos multiplicados pela força de trabalho brasileira!

E quando se tratar de aprendizagens complexas, como a construção de um prédio? Não será só tempo que se perderá! E se, além da má formação, se alia ainda a loucura do uso abusivo da tecnologia, problema que só cresce, e que também se exibiu nesse mesmo encontro, no qual vários dos que "assistiam" ao debate e às conferências passaram quase todo o tempo digitando mensagens e interagindo nas redes?

Enquanto isso, do lado de cá das amadas telinhas, continuamos a discutir rumos para a Educação. Não tenho, pessoalmente, dúvida quanto a isso: primeiro, o feijão com arroz: ler, escrever, dominar as quatro operações, interpretar e analisar textos simples e também os mais complexos, interpretar gráficos e tabelas simples, e mais algumas outras competências.

E somente quando todos os jovens das novas gerações as tiverem, então sim, poderemos pensar no caviar...

Evasão: um outro ângulo

Estudo recente mostrou que 7,5% dos professores da cidade de São Paulo abandonaram a profissão em 2012. O Sindicato dos Professores do estado do Rio contabilizou, em agosto de 2011, que somente no Rio de Janeiro 22 docentes, *por dia*, abandonaram a profissão. Dado de outro estudo mostrou que, de 1990 a 1995, houve incremento de 300% (43% ao ano) nos pedidos de exoneração no magistério público de São Paulo. O MEC, frente à situação, apresentou seus números: déficit de 170 mil professores somente em Física, Química e Matemática!

Ser professor nunca foi fácil, mas parece que agora está ficando impossível. Não estou me referindo às péssimas condições de trabalho nem à remuneração, que até melhorou um pouquinho (bem pouquinho) – e, ainda assim, professor continua ganhando mal. Semana passada, um docente me contou que trabalha em quatro escolas, caso contrário não dá para sustentar família. O quadro se repete em todo o país.

Grande parte da evasão profissional se deve à baixa remuneração, mas não só: a grande maioria se queixa mesmo é da indisciplina e do desrespeito com que é tratada pela família dos alunos, pelos próprios alunos e, em alguns casos, pela instituição. O que nos conduz a refletir sobre as pressões que o docente sofre. O que mais desgasta o professor hoje, me parece, é a falta de apoio do sistema. Na rede pública, o que desestimula especialmente são as medidas que interferem diretamente no trabalho do profissional de educação, parte das quais têm levado ao enfraquecimento da autoridade do professor e à queda da qualidade do ensino.

Foi o que ocorreu quando se introduziu o Sistema de Ciclos com Progressão Continuada, o qual, pela forma como foi implantado, fez os alunos perceberem que não precisavam mais estudar: bem ou mal (em geral, *muito mal*) concluiriam o Ensino Fundamental, já que em pouco tempo transformou-se em Aprovação Automática, para júbilo dos alunos e desespero dos docentes.

Também nossos espertos alunos, de forma quase que imediata, sentiram que não mais precisam respeitar o professor: é só um pai reclamar de algo, fundamentadamente ou não, e logo docente e aluno são acareados pelas autoridades educacionais *no mesmo plano de confiabilidade.* Não é à toa que professores são agredidos por alunos.

No ensino privado, as pressões têm vindo mais da família, que interfere junto à direção e nem sempre por legítimas razões educativas, infelizmente. Visando, o mais das vezes, "facilitar" a vida dos filhos e a sua própria, acabam ameaçando a coerência pedagógica da escola e a qualidade do trabalho. Ameaçar "trocar de colégio" é uma das formas de pressão mais usadas quando se trata de escolas particulares. Na rede pública, a pressão se faz por ameaça à integridade física dos professores, que cada vez mais deixam de ser ameaças e se tornam realidade.

Nessa situação, que beira a calamidade, constrangidos, alguns gestores pressionam o professor, que, acuado, acaba cedendo quando não consegue mais resistir à pressão. Ou se exonera se não aguenta mais, e vai fazer outra coisa!

Que tristes enganos se vêm cometendo em Educação no Brasil! E que prejuízo para as crianças! Coloque-se, por um segundinho, no lugar do docente: pense em como reagiria se alguém, que não é da sua profissão, chegasse ao seu escritório, loja ou consultório e lhe dissesse que você *tem* que trabalhar do jeito que ele acha. Pois é, está acontecendo! Mas não precisamos nos preocupar muito, não! O problema deve se resolver por si: pelo andar da carruagem, em breve não teremos mais professores.

E ponto final!

Aqui tudo se compra

Uma matéria publicada no jornal *O Globo* em 14 de abril de 2015 reportava que, desde 2008, 620 escolas americanas receberam recursos da National Math and Science Initiative, ONG criada para premiar *financeiramente* estudantes que tiram boas notas em provas nacionais de Ciências, Matemática e Inglês. A reportagem informava que o prêmio será estendido a mais instituições. Vale a pena pensar sobre tal ideia. O simples fato de se ter instituído esse prêmio num país desenvolvido nos coloca diante da constatação de que gostar de aprender vem se tornando um problema não apenas do Brasil.

Por que tal desinteresse? A análise não é simples. Daria para elaborar livros e mais livros a respeito, e talvez não se esgotasse o assunto, porque são muitas as variáveis que interferem na motivação para aprender. Não consigo deixar de relacionar o fato com a supervalorização de bens materiais, em detrimento de valores mais elevados. Até que ponto o Brasil do século XXI incentiva jovens a valorizarem o saber? Dá para quantificar? Não é fácil, sei; porém, não tenho dúvidas de que se pode perceber, sem dificuldade, que a nossa sociedade não favorece o esforço que envolve *estudar para valer*. O que se sente com clareza escancarada é o enaltecimento da beleza, da juventude, do bumbum durinho... Não por outra razão, o Brasil se encontra no topo dos países com maior número de cirurgias para implantes de silicone.

Por outro lado, quem é que, aqui, corre atrás dos nossos cientistas para obter uma foto? Talvez alguém me pergunte: *Peraí, mas nós temos cientistas no Brasil?* Pois é, temos. Muitos e ótimos. O problema é a visibilidade (ou invisibilidade?) que têm: nenhuma! Já quem está na telinha da TV, especialmente nas emissoras consagradas, tem não apenas exposição constante – junto lhes atribuem também credibilidade. Sim, opinião de *famosos*, para muitos, é ordem! O que vestem, como usam o cabelo, a cor do esmalte, tudo é copiado! Por isso se contratam mais atores e cantores como *garotos-propaganda* para os variados itens de consumo, e não quem escolheu a profissão de modelo – que praticamente nem mais existe, a não ser talvez para uma dezena de sortudos. São as celebridades que as empresas querem para defender e vender seus produtos. Aliás, creio mesmo que os mais jovens nem ao menos saibam o que o termo "garoto(a)-propaganda" significa. São os famosos que "abrem suas casas" para as revistas de fofocas desnudarem seu mundo glamoroso a um monte de gente que, do lado de cá das telinhas e de queixo caído, sonham em um dia, se Deus quiser, chegar, também eles, lá. São os artistas, músicos, cantores e jogadores de futebol que ocupam o imaginário popular.

Como esperar que nossos filhos queiram pesquisar a cura de uma doença? "*Só louco, meu*", diriam os paulistas, e "*qual é, mermão?*", se fossem cariocas a responder, assombrados ambos com a insensatez da proposta. Como sonhar com uma sociedade em que os valores sejam o saber e a cientificidade? Como projetar a sociedade do conhecimento, se não se valoriza quem passa a vida estudando, buscando solução para os males que afligem a sociedade – e ganhando pouco, e sem casas de espetáculo para exibir nas revistas que povoam as salas de espera dos consultórios e salões de beleza?

O resultado dessa inversão de valores começa a aparecer quando, mesmo em países desenvolvidos, é preciso inventar fórmulas que tornem atraentes aos jovens cérebros em construção engajarem-se e investir esforços para se dedicar àquilo que pode conduzir ao verdadeiro progresso pessoal – e da humanidade. E, de quebra, afastá-los das drogas, da depressão, da desesperança e do suicídio.

Falta de um projeto de vida é, a meu juízo, a mola-mestra da insatisfação e do vazio existencial, que, após algum tempo, conduz boa parte dos jovens, mesmo em países desenvolvidos, aos problemas acima citados, sempre e poderosamente crescentes em todo o mundo.

Ao futuro de nossos filhos

Voltei faz pouco tempo ao campus da universidade federal onde trabalhei por décadas para assistir à defesa da dissertação de mestrado de meu filho caçula. Encontrei as mesmas carteiras malconservadas, o teto com infiltrações e as paredes com pintura gasta que me recebiam ano após ano. Dá até certa depressão pensar que a maior parte das escolas da rede pública (independentemente do nível do ensino) continua tendo essa mesma cara triste, reflexo provável da importância que se dá à Educação no nosso país. É raro se encontrar prédios bem pintados e equipamentos de última geração, banheiros limpos e bebedores com água gelada nas escolas da rede. Mas, quem sabe, antes de morrer, eu ainda presencie esse meu sonho transformado em realidade?

Ao se iniciarem, porém, os trabalhos, e ouvindo o jovem mestrando apresentar seu estudo com segurança e eficiência, mas também com humildade; ao ver a banca, composta por duas senhoras bem jovens, doutoras respeitadas; e pelo professor *setentão*, lúcido e transbordando conhecimento, o ambiente se transformou. De repente, tetos quebrados e paredes sujas cederam lugar a privilegiado espaço, palpitante de saber e respeito profissional. O mestrando falou por quarenta minutos – sem microfone. Plateia e banca ouviam em silêncio tal que se ouviria o voejar de mosquitos. Naquele momento e durante a inquirição, ninguém precisou pedir atenção; nem se cogitou saber se o jovem mestrando se sentira feliz ou não ao longo dos quase dois anos que durou a pesquisa. Também a ninguém interessou saber se fora prazeroso ou árduo o trabalho cujos resultados se discutia. O ambiente tinha o brilho que advém do saber, da ciência. Ali assistimos ao inverso do psicologismo que inunda as escolas – e conduz a resultados pífios. À banca interessava analisar o estudo com profundidade – e sem medo de "humilhar" ou "traumatizar" o aluno. Por essa razão, podia apresentar com segurança suas críticas e sugestões – sempre fundamentadas no saber. Lindo de ver!

Se desejamos ver mais e mais jovens das novas gerações brilhando num futuro próximo, lutando por algo mais do que por si próprios, se desejamos legar ao país uma geração saudável socialmente, não sintamos pena quando os mais jovens tiverem que estudar mais um pouco para não ficar em recuperação – pelo contrário. Devemos incentivá-los sim, mas jamais ter pena, como tantos deixam transparecer. Felicitemos, isso sim, os que se empenham, ao invés de ter dó do esforço.

Em torno da mesa feia que descrevi, se sentaram doutores de reputação inconteste; ali, só se via a beleza incomparável do saber e o desejo de contribuir – não de receber. Ali, a crítica não foi encarada como perseguição; foi ouvida com respeitoso interesse e como forma de crescer. Ao contrário do que preconiza a sociedade de consumo, o valor ali era *aprender*. Não consumir. É esse tipo de enfoque que sobrepuja a mera aparência externa, mesmo quando cercados de mesas e paredes desbotadas.

Prédios lindos em todas as escolas, com infraestrutura e equipamentos de ponta? Queremos, sim! Mas não nos enganemos; coloquemos novamente *os pés no chão*: sem objetivos claros, sem restaurar a autoridade docente e sem valorizar o esforço pessoal, que é insubstituível, não veremos acontecer nada do que desejamos.

Se continuarmos a crer e a repetir que tudo se pode e se deve aprender prazerosamente ou entre gargalhadas – a meu ver, total utopia, porque aprender demanda suar a camisa muitas e muitas vezes e em diversos momentos da dura jornada em direção à profissionalização de qualidade –, continuaremos a anos-luz do progresso e da excelência em Educação e nas Ciências.

Os clássicos e a tecnologia

Uma escritora acaba de ter aprovado seu projeto de adaptar clássicos da literatura brasileira dando feição "simplificada" ao texto original. Isto é: palavras difíceis serão substituídas por outras "mais fáceis". Objetivo alegado: seduzir jovens para a leitura. A polêmica começou e continua, porque o MEC, ao que parece, garantiu verbas para a execução, com previsão de distribuir seiscentos mil exemplares a alunos das redes públicas.

Pensemos juntos:

a) O "texto facilitado" é obra do autor que escreveu primeiro, ou de quem o transformou?

b) Se Machado de Assis (ou José de Alencar, outro autor cotado no projeto) acordasse de seu sono eterno, se reconheceria nesse novo texto?

c) E mais, concordaria com as alterações? Como não podem nos responder, fica a questão da autoria em aberto;

d) Concordo que a linguagem erudita pode afastar leitores *menos aplicados*. Entretanto, tenho certeza quase absoluta de que tornar a linguagem de um grande escritor texto prosaico, tirando sua historicidade e características literárias, absolutamente não garante que quem tinha preguiça de ler textos complexos, e já conhecendo a trama numa leitura simplificada, se sentirá motivado a ler *a mesma coisa de novo em formato mais difícil*. Da mesma forma que quem idealizou o trabalho não pode garantir que tal manobra simplificadora tornará interessante ao aluno ler o mesmo texto novamente, menos ainda o Ministério da Cultura, que disponibilizou verba e destinação ao produto ainda em fase de construção (são vários volumes), sem previamente ouvir especialistas não comprometidos;

e) Por que se leem os clássicos? Para conhecer o pensamento, o charme e o estilo de autores imortais. Fui iniciada nessa leitura pela minha inesquecível professora d. Elcy. *O guarani* foi o primeiro. Tive um pouco de dificuldade de início, mas eu tinha apenas doze anos! Depois o difícil ficou fácil e, em seu lugar, veio o prazer de acompanhar a trama, o romance, a descrição de um Brasil que não mais existe, e a sedução de personagens e culturas diversas. Cada nova palavra dissecada me enriqueceu. Não me cansei, nem se cansaram meus colegas de turma e de época.

Então, por que parece que as pessoas hoje não acreditam mais na capacidade dos jovens e têm que facilitar tudo para eles, *tadinhos*? Serão mesmo *tadinhos* esses que ensinam a pais, mães e avós a usar os tablets, PS e PSPs da vida, plataformas complexas em que se lançam com brilhante desempenho, ou a como operar redes sociais, notebooks e outros *gadgets*, como se fossem coisa de somenos?

D. Elcy e demais colegas de regência, meus professores e de tantos outros, centenas, acreditavam que podíamos crescer. *E por isso crescemos*. Não facilitou demais, para que nos esforçássemos. Não teve pena de nós; antes *acreditava* que podíamos fazê-lo!

Será que essa geração é mais frágil? Nada indica que seja. Ou a superproteção, que já fez estragos na família, agora mora na escola? Ou, pior ainda, será que já estamos nas mãos dos incompreensíveis desígnios de burocratas mal-preparados que detêm o poder decisório?

Pergunto: a tarefa docente (ou do escritor) é empobrecer o estilo de autores consagrados para "facilitar" a compreensão dos alunos com limitado vocabulário? Ou é fazer com que as novas gerações sigam mais e mais adiante na aprendizagem?

Afinal, queremos um país de leitores, ou um Brasil em que as pessoas só compreendam o que é *facilzinho*?

Cultura da repetência – um outro olhar

A expressão *cultura da repetência* tem o poder de captar simpatia. Que é expressão atraente, não há dúvida. Quem busca justiça se encanta, mas quem quer qualidade na Educação, uma forma profunda e muito esquecida de justiça social, precisa entender bem seu significado. *Cultua* a repetência quem acredita que há *sempre e obrigatoriamente* alunos para reprovar em qualquer turma ou nível de ensino; é também quem não acredita que até o melhor aluno pode ter dificuldades; e é ainda quem não quer compreender que dificuldades para aprender são, na maior parte das vezes, superáveis se bem-administradas didaticamente. Pode ser ainda um professor que, mesmo quando o aluno atinge as metas traçadas, fica buscando formas de reprová-lo.

O termo é autoexplicativo: *cultuar* significa venerar, idolatrar, colocar no altar. Para prosseguir no tema, precisamos considerar que erros na avaliação de alunos ocorrem, vez por outra, até com os melhores professores. Mas um bom professor, alertado, revê o que for preciso. Responda: quantos professores você conhece que agem *deliberadamente* buscando reprovar *sem motivo*? Um, dois, três? Garanto que não foi muito mais do que isso. Somos mais de dois milhões de docentes no Brasil. Portanto, não podemos dizer que tal atitude seja uma constante na categoria profissional, a ponto de se categorizar como "cultura".

Prosseguindo: quem olha a repetência como algo a ser banido da escola costuma dizer que "*repetir não faz ninguém aprender*". Concordo: O que faz aprender é estudar! Em sã consciência, bons docentes só reprovam quem, apesar de todos os esforços da escola, não aprendeu o mínimo definido para progressão; em geral, algo em torno de 50% do que foi trabalhado em sala.

Pense nisso: somente o aluno que não aprendeu *nem a metade* do que deveria ter aprendido. Alguém acha que ele seria beneficiado sendo aprovado sem saber o mínimo para prosseguir?

Um sistema eficiente não *cultua repetência, mas também não promove quem não atingiu as metas traçadas para a série.* Por outro lado, oferece oportunidades didaticamente adequadas de recuperação assim que o problema é detectado. Por isso, boas escolas fazem várias avaliações a cada período, acompanham a aprendizagem e providenciam atividades para quem não conseguiu o que os demais colegas já alcançaram.

Em suma: o professor explica bem, usa métodos adequados e avalia de forma justa. Por seu turno – não esqueçamos isso –, o aluno faz o que o professor recomenda, é atento e, caso tenha problemas, recebe aulas adicionais – *das quais participa ativamente*. Nesse contexto, a maioria acaba alcançando o objetivo. Só são reprovados, portanto, os que não atingem a meta mínima.

Nenhum professor com formação adequada acha que o aluno vai aprender *porque foi reprovado*. Há uma lógica pérfida na citada afirmativa, porque inverte a realidade dos fatos: o aluno é reprovado *porque não aprendeu durante todo o ano letivo* – não *para que aprenda magicamente*. A reprovação visa a que, com mais um ano para estudar o que não conseguiu aprender, o aluno consiga superar suas dificuldades. Se, pelo contrário, avança sem base, aí sim estará praticamente condenado ao fracasso. Avançando com dificuldades maiores a cada ano, receberá um diploma, sim, mas o mercado de trabalho se encarregará de ejetá-lo *por inépcia*.

A consequência nefasta dessas *especulações*, mais ainda quando repetidas à exaustão, é que acabam soando como verdades inquestionáveis, axiomas, portanto. Como tal, induzem os docentes a aprovarem até quem não progrediu minimamente, por medo de se verem tachados de docentes desatualizados ou de "culto à reprovação", pejorativos ambos – mais ainda quando se trata de educadores.

A escola não reprovou – mas o mercado se encarregará disso. Pode acreditar. Fomos "bonzinhos", não reprovamos, mas o aluno não aprendeu, não desenvolveu competências básicas. E ele não sabe disso – ainda! Está feliz, completou o Ensino Fundamental ou o Médio.

Quando se der conta da realidade e suas consequências, aí sim, será talvez para sempre um "tadinho".

Inovar para resultar

Inovar parece ser a palavra do momento em educação. Não há encontro pedagógico em que em que não se reafirme tal necessidade, apresentada como axioma por alguns. No entanto, grande parte das aulas Brasil afora ainda é ministrada de forma tradicional, o que leva muita gente a afirmar que professores são avessos a mudanças. É como se dissessem que o ensino não melhora porque o professor não quer mudar. Discordo, e o faço embasada no estudo de campo que realizei: os docentes adorariam inovar se tivessem condições reais e treinamento adequado. As dificuldades do dia a dia é que os levam à imobilidade, não o conservadorismo.

Por outro lado, há grupos que defendem teorias nem sempre baseadas em experiências comprovadas na prática, mas o fazem com tal vigor que poucos se sentem seguros para discutir ou discordar. Aliás, em Educação é raro encontrar quem fundamente seus argumentos com dados não teóricos. No caso da inovação dá-se o mesmo, embora já existam publicações que atestam que nem toda inovação garante melhor aprendizagem, qualitativamente falando. Por isso sugiro cautela a gestores e especialistas ao se definirem por alguma novidade que lhes é apresentada como "salvadora da pátria".

Faz-se necessário definir *como*, *por que* e *quando* fazê-lo. Além disso, ouvir quem vai executar me parece caminho que não se deve mais postergar. Entendo que docentes que se opõem a um dado projeto a ser implantado devem ser ouvidos com atenção. Averiguar se quem operacionaliza está seguro da técnica, dos objetivos, e principalmente se aderiu de verdade ao projeto é atitude que teria evitado muitos desastres do passado recente da educação brasileira. Como ocorreu com o Ensino por Ciclos com Promoção Continuada, por exemplo, rejeitado por 95% dos docentes[1], mas ainda assim implantado. O tempo se encarregou de mostrar quão acertada era a postura docente. Defendo que é preciso ouvir os professores, o que significa diminuir a dicotomia entre especialistas e profissionais de sala de aula, dando a ambos peso decisório semelhante no processo. *Ignorar o que pensa* quem concretiza projetos inovadores é postura fadada ao fracasso.

Por fechar os olhos à realidade das salas lotadas e à impossibilidade quase total de o professor se atualizar nas atuais condições, por negar-se a reconhecer que o Brasil não é composto pelos poucos que pertencem às classes A e B; por esquecer as salas multisseriadas; por fingir que superamos o problema dos que nem giz têm, por esquecer que não se pode encantar quem não está encantado com o que enfrenta em sala, por tudo isso é que continuamos fazendo inovações que se somam a tantas que fracassaram.

E assim continuaremos, se não começarmos pela mais urgente mudança: a da escola que *ensina de verdade* e *bem*. Essa é a

---

[1] *O professor refém*. Record, 2015, 10ª ed.

inovação que não pode esperar, porque vai propiciar cidadania e autonomia intelectual a quem ainda nem cidadão é, porque não compreende o que ocorre a sua volta, já que não compreende o que lê. Nunca chegaremos à escola qualitativamente sonhada enquanto os instrumentos *mínimos de trabalho* não estiverem disponíveis a todos, enquanto não tivermos docentes *bem-formados* e *bem-remunerados* em escolas equipadas e adequadas, física e intelectualmente.

Isso é inovar com o possível e o viável – *com os pés no chão!*

Militarizar escolas?

Algumas pessoas mostram-se favoráveis, algumas ficam perplexas e outras são contrárias à ideia. Estamos falando de entregar a gestão das escolas públicas à Polícia Militar, como ocorreu em Goiás, quando o governador Marconi Perillo implantou a primeira há alguns anos.

Hoje, são mais de noventa no país. Objetivo? Diminuir a indisciplina e melhorar a aprendizagem. Sem dúvida, uma tentativa de solução com enfoque semelhante ao da reportagem, de cerca de dois anos atrás, do programa *Fantástico*, sobre certos acampamentos nos EUA nos quais jovens insubordinados são internados por seus pais, exauridos pelo fracasso nas tentativas de retomar as rédeas de uma situação em que a autoridade paternal fracassou. Seria o derradeiro recurso contra a marginalização, direção na qual parecem caminhar esses jovens. Situação semelhante à vivida pelas escolas entregues à PM aqui.

Nos dois casos, trata-se de encarar o fato de que família e escola, num determinado momento, percebem estar frente a jovens com quem o diálogo se mostrou inútil e o desrespeito virou regra. A meu juízo, a situação, nem tão rara, se originou da equivocada ideia, surgida nos anos 1970, de que dar limites ao educar deixaria a criança "traumatizada". Foi o que levou boa parte dos pais a abandonar o importante papel de socializadores primários e de geradores da ética. Assim, acreditando que o diálogo seria instrumento suficiente para que sua prole trilhasse o caminho da cidadania, jogaram pela janela a hierarquia familiar. Seus filhos, com muita liberdade e poucos limites, passaram a ver o mundo como espaço para satisfação de seus quereres.

Muitos pais só perceberam tarde demais quão errada fora essa decisão. A Pesquisa Nacional por Amostra de Domicílios (PNAD) de 2012 revelou que 1 em cada 5 jovens entre 14 e 24 anos não estuda nem trabalha. E boa parte deles não *por falta de emprego ou oportunidade de estudo – por falta de limites e projeto de vida*! O problema se agravou quando tais ideias equivocadas adentraram a escola, onde jovens não socializados passaram a encontrar também no ambiente escolar, espaço de conveniente impunidade.

A situação hoje é crítica. Nesse contexto adverso, é quase milagre alcançar o que chamamos de *situação de aprendizagem*: um conjunto de condições que precisa existir para que uma pessoa possa aprender. Sim, há precondições para aprender! Segundo estudo da Unesco, o Brasil é o país em que mais se perde tempo de aula (20% em média) tentando-se conseguir um mínimo de organização e disciplina. E, na sala de aula regida pelo desmando, o aluno não alcança o nível de concentração necessário para que a aprendizagem ocorra – e permaneça.

Esta é a questão e a situação. Portanto, se continuarmos a fingir que liberdade e licenciosidade são a mesma coisa, se não agirmos com presteza diante do absurdo em que estão imersas boa parte de nossas escolas, em breve não teremos como reverter o quadro. Não precisamos militarizar escolas; o que precisamos é compreender que enquanto os docentes continuarem reféns dessa realidade insustentável; enquanto não puderem exercer sua autoridade, não superaremos o problema.

É condição sine qua non para alcançarmos os resultados qualitativamente preciosos que queremos para os jovens.

Nossos heróis!?

Um teste aplicado aos participantes da 14ª edição de um famoso *reality show* revelou que eles não sabiam quem foi Machado de Assis! *Ai, meu Deus!* Outra matéria, sobre o mesmo programa, reportou que um dos participantes parecia desconhecer a palavra "engasgar". *Que tristeza!* Mas pior mesmo é ouvir, a cada edição, o apresentador chamá-los de "nossos heróis". E pensar que esses moços possam ser modelos em que se espelhem as crianças do século XXI!

A TV se tornou, nas últimas décadas, a fonte maior de entretenimento dos menos abonados; já os *reality shows* parecem atrair jovens de todos os níveis econômicos e culturais. Pense comigo: em média, as crianças brasileiras ficam quatro horas por dia frente à televisão, como mostrou estudo recente do Ibope. E hoje elas estão se iniciando como telespectadoras cada vez mais cedo. Alie-se ao panorama o fato de que a escola pública está longe de ter um décimo sequer da qualidade que deveria ter (e esse poderia ser realmente fato decisivo e o diferencial na diversificação de interesses das novas gerações). Sem falar que, nas camadas menos favorecidas, os pais, com justa razão, se sentem aliviados quando os filhos se deixam ficar quietinhos frente à mídia eletrônica, porque assim não se arriscam no entorno das conflagradas áreas onde residem. Com os filhos entretidos dentro de casa, se sentem mais calmos quando saem para trabalhar. Junte tudo isso e você perceberá que bem pode se tornar realidade a minha preocupação.

Até os sete anos, quem mais influencia o comportamento das crianças são os pais – ou quem delas cuida. E é uma grande felicidade quando tal influência vem da mãe ou de um vovô "maneiro" – como elas gostam de dizer hoje em dia – que as poderão influenciar positivamente. A partir dos cinco anos, mais ou menos, a influência da escola – entendendo-se aí colegas e professores, também – começa a se fazer presente. A essa altura da vida dos nossos jovens, hoje em dia, a TV aberta e os videogames já iniciaram seu trabalho, nem sempre construtivo, infelizmente.

E aos quinze anos então, nem se fala! Os interesses e influências se ampliam em novas direções de forma vigorosa. Gostem ou não, pais e professores vão dividir seu prestígio com gente que eles mal conhecem, mas encontram em festas e redes sociais. São pessoas que, sejam legais ou não, os encantam de um jeito ou de outro, exatamente pela imaturidade da idade em que estão.

Portanto, se a ausência crescente dos pais se faz sentir pelas exigências cada vez maiores da vida moderna e esse espaço vazio vai sendo ocupado por aqueles que as mídias transformam em ídolos, e esses ídolos demonstram total desinteresse pelo saber, pelo desenvolvimento intelectual e social, ocupando-se o tempo todo com *disses que disses* e com um narcisismo inacreditável, temos que pensar em como será o futuro. Especialmente se os "formadores de opinião" os apresentam como *heróis*! Não, esses não são nossos heróis, senhores das mídias. Não faltam brasileiros que podem ocupar esse pódio com louvor e magnificamente. Que tal Zilda Arns, para começar?

O preço da impunidade

A Espanha provou que, quando existe vontade política, se muda a realidade. De país com maior percentual de mortalidade em acidentes de trânsito da Europa, brilhantemente passou ao menor índice e tem servido de exemplo a toda Comunidade Europeia. Como? Simplesmente instituindo um código de trânsito rigoroso e multas muito altas, mas também – e principalmente – empreendendo fiscalização rígida e inflexível sobre os infratores.

O Brasil detém hoje a triste marca de primeiro lugar mundial em acidentes e mortes no trânsito, especialmente entre jovens. Temos também um dos piores sistemas de ensino do mundo em termos de qualidade, especialmente na rede pública, fato comprovado por exames nacionais e internacionais. Todos os brasileiros sabem que não se melhora o ensino nem se civiliza o trânsito *apenas* construindo novos prédios escolares ou fazendo campanhas educativas na TV, mas falta ao governo vontade para as medidas necessárias e efetivas.

Há década e meia, aproximadamente, entrou em vigor novo código de trânsito, que, embora não tão rigoroso quanto o espanhol, mostrou-se muito eficiente *no ano de sua implantação*. Houve significativa queda nos índices de acidentes e mortes, simplesmente porque, à época, a fiscalização foi feita com rigor. Infelizmente, a partir daí o que se seguiu foi o gradual afrouxamento das sanções, com perdão institucional até para os que já haviam, ao menos teoricamente, "perdido a carteira". Consequência previsível, porém não evitada: hoje superamos os índices anteriores. O Brasil não precisa de mais ou novas leis. Precisa, isso sim, e com urgência, da aplicação severa e contínua das que já existem.

Concordo que punir apenas não resolve tudo. Mas, sem dúvida, *não punir também não resolve e ainda agrava os problemas sociais*. A impunidade estimula comportamentos antissociais por parte até de quem jamais teria tais atitudes em outras circunstâncias. É ingenuidade supor que todos os indivíduos vivem de acordo com a ética humanista, na qual o direito do outro tem tanta ou maior importância do que o seu próprio direito ou interesse. A maior parte dos homens respeita *a moral vigente*. Poucos são, porém, os que, além de moralmente corretos, são também verdadeiramente éticos.

Diferenciemos os dois conceitos, muitas vezes utilizados inadequadamente como sinônimos: uma pessoa moralmente correta – para definimos de forma simples – é aquela que cumpre e respeita as regras de conduta vigentes na sociedade. Mas é também alguém que tem consciência de que existem sanções – se não as cumpre. Significa dizer que é uma pessoa que, por exemplo, não avança o sinal porque sabe que pode causar danos a outros, mas também (e às vezes principalmente) porque teme ou tem consciência de que poderá ser punido, caso a desrespeite. Já a pessoa ética é aquela que age de acordo com a lei e especialmente em respeito aos direitos dos outros, independentemente de haver ou não punição. É um indivíduo que continua agindo da forma que age usualmente, *mesmo que ninguém esteja vendo.* Em suma, um indivíduo que introjetou os valores de forma tal, que passam a fazer parte dele próprio.

Desejar, sonhar com o dia em que todos serão éticos (e não apenas morais) é um lindo objetivo. Poderemos então, sim, prescindir de leis e regras. Mas, enquanto esse dia não chega, condenar os que agem ética e moralmente a conviver com a impunidade dos que transgridem, atropelam ou transformam educação em mero e descompromissado comércio é, no mínimo, injusto e até indecente. Hoje no Brasil, grande parte dos justos se sente revoltada ao perceber que a impunidade premia os que agem à revelia das leis; muitos são os que decidem, a partir daí, agir de acordo com o que consideram "o que todos fazem".

O preço da impunidade é, assim, altíssimo. Significa assistirmos a cada dia mais indivíduos assumindo conscientemente atitudes inadequadas – pela desesperança e pela triste constatação de que, aos que agem apenas e tão somente de acordo com o que lhes dá na telha, nada ocorre. A lista de exemplos é extensa; começa nos pequenos deslizes e vai até grandes atos de selvageria. O que está por baixo do aumento explosivo dos atos antissociais é a certeza da impunidade, de que a sociedade permite o desrespeito e a irracionalidade. No cinema, pessoas falam descuidadamente ao celular; nas escolas, alunos concluem seus cursos sem atingir os mais simples objetivos educacionais; nos restaurantes, clientes fumam, ignorando a lei; denúncias sobre apropriação de verbas públicas ou malversação de recursos destinados à melhoria social acabam como começaram. Impunes, todos.

Como esperar que os demais ajam e sejam, sempre e a cada dia, novos Ghandis?

PARTE 3

Repensando conceitos

A gestão da escola moderna

Gerir eficientemente a escola moderna, ao contrário do que costumam afirmar, a meu ver é simples. O que não significa "fácil". É tarefa que exige desejar, de fato, assumir a responsabilidade intrínseca ao ato educativo; e estar ciente de que se trata de trabalho que exige esforços crescentes, tendo em vista o incremento tecnológico e científico, que leva à necessidade de mudança sempre que a qualidade dos resultados se torna inadequada à realidade social.

Isso nos remete, uma vez mais, à questão da *qualidade*, sobre a qual o gestor precisa ter especialíssima atenção, porque demanda clareza de objetivos e persistência. Para usar a palavra do momento: gestor eficiente tem *foco*. E "focar" é inimigo de trabalhar em dezenas de coisas ao mesmo tempo. O constante assoberbamento de funções redunda em fracasso, justamente porque impede o gestor de se fixar de fato no que importa. Quando se tem dois ou três focos essenciais, tudo fica mais claro; sabe-se o que se quer alcançar. E sabendo para onde queremos ir, é mais certo chegar lá. Independentemente da linha pedagógica, o requisito básico da eficiência é: *todo mundo trabalhando pelo alcance das mesmas metas*.

O gestor dos meus sonhos seria alguém que buscasse tão somente os seguintes alvos:

1) Ao final da 5ª série do Ensino Fundamental, os alunos terão *competência em leitura, escrita e compreensão de textos; domínio das quatro operações aritméticas básicas e capacidade de resolução de problemas da vida cotidiana*. Três, apenas!

2) Ao final da 9ª, estarão aptos a *analisar dados da realidade, conhecer a política do país e do mundo e as bases das ciências, da História e da Geografia*. Só isso. E veja: "deverão estar" é diferente do desafio proposto: "estarão"! Escopo que assegura, no mínimo, que os egressos possam prosseguir seus estudos sem estarem fadados ao insucesso ou à permanência nos estratos sociais menos favorecidos da sociedade.

O gestor deve cooptar sua equipe para refletir, analisar e definir opções capazes de promover o alcance dos objetivos. Essa seria a meta, seja qual for o método pelo qual o grupo se decida. Nesse contexto, me parece relevante orientar toda a equipe no sentido de definir tarefas e trabalhos estimulantes e instigantes para os alunos. A prática em sala de aula me mostrou – e mostra sempre – que o melhor caminho para isso nos liga obrigatoriamente aos fatos do momento na sociedade local e no mundo.

E tem mais: na escola de qualidade, os alunos estudam. Têm o *dever de estudar* como contrapartida do *direito ao saber*. Nada de estudar "se quiser". Todos precisam ter em mente o que se deseja alcançar – equipe e alunado. O que implica não ser e não se sentir abandonado pela instituição quando surge uma dificuldade, seja em que matéria for.

Mecanismos de acompanhamento e recuperação fazem parte do dia a dia da escola de qualidade. *Errar*, ou *não entender*, tem que ter o poder de fazer disparar de imediato o *direito de receber apoio* para superar dificuldades, vital em uma escola qualitativamente superior. Também engloba projetar atividades que propiciem enfoque humanista e formem cidadãos que tratam a todos com respeito. Dificuldades são aceitas, mas os alunos são instigados a superá-las.

E, como foco superior, a escola de qualidade capacita o alunado a ser crítico e antenado com os problemas da atualidade e a imaginar soluções para uma sociedade mais justa.

Resta indagar: estamos a quantas décadas de defasagem dessas metas? Urge sair da vergonhosa "lanterninha" dos rankings educacionais. É *preciso* que gestores e equipe atuem de forma decidida e responsável, buscando sanar os prejuízos acumulados.

Escola e família: parceria possível

Por cerca de dois séculos, família e escola viveram em lua de mel. O que a escola determinava, fossem tarefas ou sanções, a família endossava. Assim, crianças e jovens sentiam, nas figuras de autoridade que as orientavam, coesão e homogeneidade. Com isso, o poder educacional das duas instituições alimentava-se mutuamente. E as novas gerações adquiriam seus valores e seus saberes (intelectuais e morais) sem maiores problemas.

Atualmente, observa-se que já não existe essa confiança: pais olham professores com desconfiança, e vice-versa. É como se, repentinamente, o encantamento tivesse se quebrado. O comum hoje é os pais irem à escola questionar desde as tarefas escolares até a avaliação e o calendário, ou, depois de matricularem os filhos, entregarem à escola toda a problemática relacionada à educação (quer se trate de conteúdo ou de formação ética). Ambas as atitudes em nada contribuem para o crescimento intelectual e afetivo de nossas crianças. Se a relação está abalada, devemos buscar as causas para aplainar as arestas que muitas vezes nascem de ideias equivocadas, veiculadas por alarmistas que sequer detêm conhecimentos pedagógicos para fundamentar suas críticas. Uma coisa, porém, é certa: quando a família não acreditar definitivamente na escola (e vice-versa), o caos estará instalado, e nossos filhos, perdidos.

Acompanhar e zelar para que os filhos recebam da escola a formação necessária é um direito e um dever dos pais. Não se trata, portanto, de postular que o *magister dixit* reencontre espaço numa época em que a razão e a consciência devem ser as molas mestras das ações de todos. Trata-se, antes, de evitar que a desconfiança floresça, alimentada pela insegurança que permeia as relações sociais de hoje e que começa a minar também a crença da família na ação da escola.

Por que essa confiança se perdeu? Por vários motivos. Um deles é o fato de que muitos pais têm hoje conhecimentos que os tornam capazes de perceber falhas ocasionalmente cometidas pelas escolas. Mas esse seria o *lado positivo*, se não houvesse muitos conceitos mal compreendidos. Daí que, por vezes, as reclamações tornam-se infundadas. Reclamar é um direito. Resta saber *de que* e *de que forma* fazê-lo, para não comprometer a confiança que nossos filhos depositam em seus mestres. Talvez seja muito mais perniciosa para uma criança a desconfiança em seus orientadores.

Algumas agências educacionais de fato atuam quase que exclusivamente voltadas para o lucro. Qualquer instituição tem que, obviamente, ser saudável administrativamente, o que significa arcar com os compromissos e sobreviver com dignidade. Mas quando se vê que algumas agem apenas em função do sucesso financeiro, pode-se compreender por que a confiança se esvai. A essa ótica equivocada se poderia contrapor que a melhor forma de tornar uma escola lucrativa é investindo na qualidade da educação. É uma fórmula quase milagrosa...

Outro fator é o crescente assoberbamento de funções dos professores: orientação sexual, ecológica, ética e educação para o trânsito são algumas das tarefas que se somaram ao currículo, sem uma contrapartida de incremento de tempo e infraestrutura que possibilitem um trabalho docente eficiente. O que também concorre para a falta de confiança na ação das escolas. Não significa, no entanto, que tudo está perdido nem que todo professor trabalhe mal – pelo contrário. Em meio a tantas dificuldades – má remuneração, carga horária imensa, excesso de alunos em sala de aula, falta de limites e de recursos –, encontramos milhares de educadores que não abandonam a luta por motivar, ensinar, formar e mostrar aos seus jovens alunos a beleza e o poder das ideias.

Decerto existem outros fatores que agravam o descasamento família/escola. Como, porém, enfrentar essa problemática antes que ela se torne irreversível? Precisamos partir de um olhar objetivo, sem preconceitos. Significa dizer que a solução imediata depende do desejo real de entendimento e harmonização de ambas as partes.

Por parte dos pais constitui, por exemplo, saber priorizar o que é essencial para que os filhos caminhem em direção ao saber e à socialização. Isso inclui posicionar o projeto pedagógico como o quesito "número um" na escolha da escola – e, a partir dessa escolha, agir com confiança na opção feita. Essa é a base para a parceria verdadeira.

Por parte da escola, compreende o oferecimento de estratégias eficazes de ensino, avaliação e recuperação. Sem falar na necessidade inquestionável de manter professores atualizados, com domínio de conteúdo e de metodologia. Inclui também, de ambas as partes, a compreensão do conceito de *conflito* como situação manejável e até enriquecedora, bem distinta de *confronto*. A presença dos pais na escola, trabalhada adequadamente, traz enfoques de grande valia para o processo pedagógico.

Fundamental é que a credibilidade da agência educadora seja mantida – para o bem dos nossos jovens e da sociedade como um todo.

Liderança em sala de aula

Ser professor nunca foi uma tarefa simples. Hoje, porém, novos elementos vieram tornar o trabalho docente ainda mais difícil. A disciplina em sala, por exemplo, parece ter-se tornado particularmente problemática.

Quando as escolas se regiam pelo Modelo Tradicional, o manejo de classe era, sem dúvida, mais fácil. Afinal, o poder ficava todo concentrado nas mãos do professor. A teoria educacional subjacente era "quando o professor ensina, os alunos aprendem", ou seja, aprender era considerado consequência inevitável do ensinar. Antes que os mais apressados pensem que estou defendendo a volta ao modelo, explico: o que estou afirmando apenas é que o exercício autocrático do poder é, sem dúvida, mais fácil do que administrar relações democráticas.

Na sala de aula tradicional, um (o professor) manda, os outros (alunos) obedecem. Vale lembrar que, independentemente do modelo de relações interpessoais que predomine, se o professor tiver bom domínio de conteúdo, consciência profissional, desejo real de levar os alunos à aprendizagem e formação didática, os resultados são, em geral, muito bons. Não se pode, pois, afirmar que é a relação afetiva entre o professor e seus alunos *que determina a qualidade do resultado educacio-*

nal. Todos nós tivemos professores que pouco ou nada se relacionavam conosco – sem que isso os transformasse em maus professores. E vice-versa. Por outro lado, conhecemos mestres muito queridos e afetivos, mas que, em matéria de ensino, deixam muito a desejar.

Na sala de aula de hoje, a hierarquia de poder fica quase invisível; para alguns alunos parece mesmo inexistente. Dão-se, portanto, ao direito de opinar e determinar "o que querem aprender", "o que gostam" e, até, *como querem o que gostam*. Torna-se tarefa muito difícil conciliar gostos, propostas e objetivos os mais variados. Especialmente quando boa parte dos alunos, em geral adolescentes, está muito mais interessada em "passar de ano" (se possível com o mínimo de estudo e trabalho) do que aprender verdadeiramente. Apoiados pelas críticas que fazem aos que classificam como "maus" professores (dão aulas "chatas", "fora da realidade", dão "provas que estressam" etc.) e, encoberto o motivo real (nada ou muito pouco estudar), os alunos, na sua ingenuidade e falta de visão de longo prazo, tornam-se os mais prejudicados no processo.

Outro aspecto que complica o processo de liderança em sala de aula é o fato de que algumas pessoas, com apenas um verniz de conhecimento sobre "educação moderna", acabam se dando o direito de opinar sobre aspectos para os quais não se encontram absolutamente habilitadas, por isso mesmo fazendo mil generalizações que carecem de real fundamento pedagógico. Em consequência, muitos pais e até mesmo alguns profissionais da área educacional passaram a atribuir "culpas" de qualquer fracasso no ensino ao professor, o que é uma distorção grosseira. Se, realmente, *muitas vezes* o problema reside na escola, em outras, *também bastante frequente* é, de fato, o aluno que não estuda por estar desatento e desinteressado. Apontar o professor como único responsável pelos fracassos do ensino é mascarar a realidade, especialmente quando isso ocorre sem uma análise profunda e concreta do processo desenvolvido.

Outro exemplo: há trinta anos a prova era considerada "o" instrumento de avaliação. Era prova escrita, prova oral, prova para cá, prova para lá... Hoje, sabemos que a avaliação deve ser mais ampla do que uma só prova, porque se pode assim cometer sérias injustiças com o aluno. Certíssimo do ponto de vista pedagógico. Só que, mais uma vez, interpretando erroneamente um conceito que poderia ter trazido progressos à causa da educação de qualidade, isso acabou constituindo um bordão, repetido à exaustão especialmente por alunos, pais de alunos (em geral, pais de estudantes com baixo desempenho) e até por pessoas da área: "prova não mede nada." Isso é uma inverdade, prova mede sim e tem sua hora e lugar.

A má compreensão das novas linhas pedagógicas que se sucedem umas às outras em curto espaço de tempo, a pouca experimentação prévia, e, especialmente, o quase inexistente acompanhamento dos resultados da utilização de cada uma dessas novas tendências têm tido várias consequências graves. Uma delas é a grande insegurança que mudanças precipitadas causam ao professor. Intimidado pela segurança com que especialistas apresentam cada nova "moda" pedagógica, resta calar e levar para sua sala de aula aquilo que agora é o "novo grito" na sucessão de modelos e linhas que, década após década, surge no horizonte.

A relação professor x aluno sofreu o mesmo processo, com alguns agravantes. Se deslocamos o olhar dos grandes centros urbanos, nos quais o professor, tanto do ensino público quanto do particular, recebe ainda que não da forma como deveria, algum treinamento, e se pensarmos nos professores de área rural ou da periferia das grandes cidades, certamente encontraremos um quadro ainda mais preocupante.

Com tantos e tão sérios problemas no contexto da escola, a relação professor x aluno foi supervalorizada. O bom professor é "amigo" dos alunos (será que um bom professor, que ensina bem, que é justo, trabalhador, preocupado com seus alunos alguma vez não o foi?). Qualquer intervenção em termos de controle de disciplina ou de avaliação é vista como ameaçadora da aprendizagem. Nessa concepção rasa, os melhores professores seriam aqueles cujos alunos "os adoram", não importa tanto se ensinando ou não. O importante é *entender as dificuldades* dos estudantes, olhar os problemas emocionais e ajudar a superá-los. Professor torna-se sinônimo de "especialista em relações humanas".

Aliás, o próprio termo "professor" parece que se tornou inutilizável em certos meios. "Educador" é muito mais amplo, dizem. Como se, ao mudar o nome, mudasse o comportamento! "A reprovação traumatiza o aluno e é responsável pela evasão escolar", afirmam muitos especialistas, sem, contudo, mostrar estudos científicos que comprovem estas afirmativas. Na verdade, o que me parece que existe por baixo dos panos é o desejo de melhorar o fluxo de vagas nas escolas públicas, para assim diminuírem a evasão e a repetência. E, nas particulares, pode ser um recurso para não se perder alunos para a concorrência. A aprovação absoluta seria um objetivo espetacular, se estivesse amparada por medidas que dessem ao professor a possibilidade de concretizar na prática um trabalho de qualidade tal que possibilitasse o alcance dos objetivos educacionais de cada série *por todos os alunos*. Aí sim! Que maravilha! Acabaríamos com a reprovação, as vagas estariam sobrando para atender à demanda, mas – o melhor de tudo – os alunos estariam progredindo *de verdade*. Não teríamos o dissabor de comprovar, através do "provão" do Ensino Médio organizado pelo próprio Ministério da Educação, o que cada professor sabe sem necessidade de "provão" algum: que o ensino está cada vez pior e que, a cada ano, mais e mais alunos concluem a Escola Fundamental e a Média sem saber, por vezes, nem interpretar um simples texto na língua materna.

A relação professor x aluno é importante, sim, no processo de aprendizagem. E deve ser amistosa e afetuosa *de ambas as partes*. Não pode, porém, ser confundida com igualdade. A relação pedagógica tem que se embasar numa hierarquia (sem ser rígida nem autoritária), em que deve estar bem claro que o professor é a autoridade na relação. Mesmo que exerça esta autoridade de forma democrática e participativa, ele tem o direito e o dever de manter em classe as condições que permitam ocorrer a aprendizagem, sejam seus alunos crianças ou adolescentes. Enquanto não voltarmos a compreender essa verdade tão simples, veremos a cada dia decair o nível de aprendizagem pela incomunicabilidade que se estabelece quando se acredita que é possível ensinar e aprender sem que haja um mínimo de disciplina e organização nas nossas salas de aula.

O professor não é psicólogo nem psicanalista de seus alunos. Ele deve compreender e ajudar no que for possível quantos às questões afetivas dos estudantes, mas sua função principal é ensinar. E ensinar bem, dominando o conteúdo e usando adequadas técnicas de ensino e de avaliação. Mas ensinando, que esta é a sua função. Professor é aquele que ensina.

Pais nas escolas

A presença dos pais ou de outros familiares responsáveis pelos alunos na escola pode ser de grande valia para os objetivos educacionais – ou um complicador, dependendo de como a escola se preparar para isso.

Importante dizer que o gestor e sua equipe de coordenadores podem convocar os pais a participar sempre que julgarem o momento pertinente, seja do ponto de vista formativo, informativo ou afetivo. É preciso, no entanto, evitar excessos. Temos que lembrar que pais e mães trabalham muito! A vida hoje é difícil, e ninguém pode faltar ao trabalho para ir a festas, reuniões ou encontros cujos objetivos não ficam claros. Em resumo: o bom senso – como em tudo – deve ser a tônica. É muito importante, também, que as reuniões sejam pautadas por clareza, objetividade e fundamento.

A escola deve ter esquemas de recepção aos pais. Quer dizer, é necessário que os pais sintam que são bem-vindos, embora haja regras a serem observadas – inclusive para sua entrada na escola. Importante é que eles se sintam ouvidos de fato, e percebam que o que trazem para a equipe pedagógica (sejam dúvidas, questionamentos ou sugestões) encontra eco, que suas ponderações são levadas em consideração.

Há escolas que recebem os pais muito bem, mas nada do que eles falam – mesmo que seja pertinente – conduz a mudanças reais. Com o tempo, a família percebe que há apenas um "muro de lamentações", uma recepção pro forma, isto é, nada do que apresentam é de fato considerado. Isso, é óbvio, causa revolta, sensação de impotência, e pode acarretar indiferença ou ausência do responsável quando solicitado. Pode gerar agressividade, também.

Por outro lado, é bom lembrar que ouvir e receber verdadeiramente os pais não significa abrir mão dos objetivos educacionais ou do projeto pedagógico que a escola escolheu. Explicar claramente o fundamento das ações educativas é o melhor caminho quando se deseja realmente ter uma relação sem conflitos entre família e escola.

Geralmente, o momento oficial desse encontro é o das reuniões bimestrais com pais, as quais, como já referi, devem ser objetivas e bem-planejadas. Evitar falar longamente ou em linguagem excessivamente técnica é uma ótima estratégia. Fundamental é dar aos responsáveis o que eles desejam em termos de informação. Em geral, os pais não se interessam muito, por exemplo, em saber *por que* a escola adotou tal livro – e não outro. A motivação maior é saber como o filho está em termos sociais e de rendimento. E é justo que assim seja. Portanto, a parte conceitual deve ser breve e objetiva; e a que apresenta informações sobre a situação individual dos alunos, mais longa.

Buscar atender às necessidades de horário dos pais é uma forma muito eficiente de diminuir o absenteísmo nas reuniões e de demonstrar que temos consciência das dificuldades da vida. É importante que se estabeleça um clima de confiabilidade mútua, o que, sem dúvida, torna os pais aliados da escola, diminuindo assim conflitos e desentendimentos.

A participação dos pais é muito importante, desde que seja para somar e apoiar, e não como forma de desacreditar o trabalho educacional. A criança, ao perceber que os pais não confiam na escola, passa a não confiar também. Daí para a desmotivação, a indisciplina ou a agressão é um *pulo*. Contudo, se ela sente que há continuidade de propósitos, a tendência é aceitar e valorizar os professores e a aprendizagem. A relação harmônica entre família e escola é fundamental. Pode mesmo determinar o sucesso ou o fracasso das crianças e jovens. Por isso a parceria entre as duas instituições é tão fundamental. É objetivo a ser perseguido intensamente – *por ambas as partes.*

Dissensões devem ser resolvidas em conjunto. Há que haver, portanto, parceria. E isso só ocorre quando há identidade de propósitos.

Agressividade e *bullying*

Enquanto a sociedade tenta se recuperar dos seguidos choques causados por notícias de brigas, mortes e agressões graves nas portas de boates e em festas nas madrugadas, crescem as especulações sobre o que estaria causando tal conduta. Seriam os jovens da atual geração "piores" do que os das gerações passadas? Estariam eles sendo mal orientados por suas famílias? A causa poderia ser, talvez, o grande número de famílias desestruturadas? Ou a ausência de ambos os pais, com cargas de trabalho cada vez maiores? Seria, por outro lado, influência da sociedade de consumo, da mídia, dos filmes e jogos violentos? Ou isso tudo, em conjunto? Seria uma forma de resposta à violência da sociedade?

Em que pese o fato de que raramente um fenômeno social tem apenas uma causa, me parece mais oportuno do que apontar culpados, discutir a ligação entre tais atitudes e o fenômeno do comportamento agressivo entre estudantes, conhecido internacionalmente como *bullying*.

O *bullying* compreende todo o tipo de agressões, intencionais, repetidas e sem motivo aparente, que um grupo de alunos, sob orientação de um líder, adota contra um ou vários colegas, sempre em situação desigual de poder, causando intimidação, medo e danos à vítima. Pode se apresentar sob várias formas, desde uma simples "gozação" ou apelido (sempre depreciativos), passando por exclusão do grupo, isolamento, assédio e humilhações, até agressões físicas, como chutes, empurrões e pancadas. Pode incluir também roubo ou destruição de objetos pessoais.

Em geral, os agressores costumam ser pessoas com pequeno grau de empatia, oriundos de famílias desestruturadas que não trabalham adequadamente a questão dos limites, nas quais não há bom relacionamento afetivo, ou em que a agressão física é comumente utilizada como forma de solucionar conflitos.

Já as vítimas são, quase sempre, pessoas tímidas, sem muitos amigos, introvertidas e pouco sociáveis, com baixa capacidade, portanto, de reação a esse tipo de situação. São geralmente inseguras, têm baixa autoestima e pouca esperança de conseguir ajuda por parte dos responsáveis. Costumam ainda ter dificuldades de se integrar. Nada impede, porém, que as agressões se dirijam justamente aos colegas que, por sua atuação acadêmica excelente; por serem bonitos e atraentes; ou por serem simpáticos e queridos, provocam inveja e despeito em quem não tem tais qualidades. Tornam-se, assim, também esses, alvos dessa agressividade intimidadora.

O fato de muitas vezes o *bullying* passar despercebido na escola só reforça a baixa autoestima e a convicção de menos-valia das vítimas. Algumas tendem a aceitar a agressão como se as merecessem. O fenômeno tende a levar à queda no desempenho escolar, à simulação de doenças, a mais isolamento, e até ao abandono dos estudos. Pode também gerar ansiedade grave, depressão e até suicídio, em alguns casos.

A vítima pode passar a agressor em situações em que encontre, por exemplo, colegas que considere mais fracos ou com menor possibilidade de defesa.

Existem ainda alunos que nem agridem nem são agredidos – são os espectadores, as testemunhas das agressões. Em geral, não tomam partido por medo de serem agredidos no futuro, ou porque não sabem como agir nessas situações. Também esses *podem* ficar intimidados e inseguros, a ponto de apresentarem queda no rendimento escolar ou ficarem com medo de ir à escola.

O *bullying* é mais frequente entre meninos; entre as meninas, costuma assumir forma diferente: em geral, a exclusão ou a maledicência são as armas mais comuns. No entanto, vem aumentando tanto em frequência quanto em formas de agressão física, até bem violentas, podendo mesmo se equiparar à dos meninos.

Em longo prazo, o *bullying* – se não combatido de forma eficaz – pode levar à sensação de impunidade e, consequentemente, a atos antissociais, dificuldades afetivas, delinquência e crimes graves. Pode também levar a atitudes agressivas no trabalho, na escola ou na família. Boates, festas, escolas... O local varia. Há alguns anos ocorreu nos EUA, na cidade de Columbine, e assustou o mundo. Depois, vieram casos na Finlândia e em outros países da Europa. Recentemente, ocorreu aqui mesmo no Brasil, na cidade de Goiânia.

É para chocar e assustar, mesmo. De repente, e aparentemente sem causa específica, um jovem entra numa escola fortemente armado, matando e ferindo. Não estou afirmando que o *bullying* é sempre ou unicamente a causa ou a origem desses ataques. Mas parece haver ligação em vários casos. O que torna essencial tomarmos em nossas mãos a prevenção do problema.

É importante esclarecer que casos de agressões, chacotas e perseguições contra um ou mais alunos não é fenômeno novo, embora atualmente, dada a facilidade de aquisição de armas e a exposição excessiva e enfática que a mídia dá a casos semelhantes, venha terminando de forma trágica – especialmente quando envolve indivíduos de maior labilidade emocional.

Para os educadores, tanto na família quanto nas escolas, o que realmente importa não é criar um clima de apocalipse, muito menos de desesperança. Ao contrário, quanto mais se estuda o assunto, mais claro fica que devemos agir de forma segura e assertiva. A intervenção dos adultos e a atenção ao problema devem ser estimuladas em todos os níveis.

Nas escolas são necessárias, entre outras medidas:

1) Treinamento para instrumentalizar todos os que lidam com alunos, no sentido de estarem atentos e aptos a perceber tentativas de intimidação ou agressão entre estudantes. Para tanto, é preciso conhecer sinais, perceber sintomas e atitudes que caracterizam vítimas e agressores;

2) Segurança e presteza do corpo técnico, para intervir adequadamente;

3) Assegurar, através de atitudes, conversas claras nas turmas e outras iniciativas, que, tanto vítimas como espectadores, terão sempre a proteção e o anonimato garantidos;

4) Implantar um esquema institucional de responsabilização para os agressores, de preferência não excludente, mas no qual arcarão com as consequências de seus atos;

5) Procurar revestir as sanções de caráter educativo; excluir pura e simplesmente não forma consciência nem transforma agressores em bons cidadãos;

6) Fortalecer os que sofrem ou presenciam o *bullying* oferecendo canais de comunicação que garantam a privacidade dos que se dispõem a falar;

7) Treinar a equipe da escola (em todos os níveis) de forma a adotar forma única e homogênea de agir nesses casos, para que todos se sintam protegidos: corpo técnico, alunos-vítimas e espectadores (só assim o silêncio se romperá);

8) Incorporar ao currículo medidas educacionais formadoras a serem trabalhadas por todos os professores, independentemente da matéria, série ou grupo, dando-se

especial ênfase ao desenvolvimento de habilidades sociais tais como: saber ouvir; respeitar diferenças; ter limites; saber argumentar sem discutir ou agredir; ser solidário; ter dignidade; respeitar o limite e o direito do outro etc.

9) É preciso também atuar junto à família, para que não só apoie a escola em todas essas iniciativas, mas também, e principalmente, que ela própria trabalhe:

– A questão dos limites com segurança;

– A formação ética dos filhos;

– A não aceitação firme do desrespeito aos mais velhos e/ou mais fracos.

Isto é, a família deve reassumir o quanto antes o seu papel de formadora de cidadãos, abandonando a postura superprotetora cega, e a crença de que amar é aceitar toda e qualquer atitude dos filhos, satisfazer todos os seus desejos, não criticar o que deva ser criticado e nunca os responsabilizar por atitudes antissociais.

De preferência, enquanto é tempo.

Nem tudo é *bullying*

Na sociedade do espetáculo, aconteceu, vira moda. O *bullying* é exemplo disso. Pouco tempo atrás, numa novela, um personagem se desentendeu com a cunhadinha pérfida e os dois trocaram agressões verbais violentas. Cena seguinte: chorosa, ela conta ao namorado *ter sofrido bullying*! Informação totalmente equivocada, desserviço à população. Se assim fosse, todos nós, sem exceção, teríamos sofrido – e praticado – *bullying*. Afinal, quem passa pela vida sem se desentender com alguém?

Desfazendo o equívoco: o termo designa situações específicas de agressividade *entre estudantes*, como definido no texto anterior. De forma alguma se aplica a briguinhas, menos ainda a discussões corriqueiras entre pessoas. *Só se pode falar em bullying quando as agressões são repetidas, premeditadas e partem de um grupo contra um ou vários colegas – sempre em situação desigual de poder.* Então, se dois colegas discutem, rolam pelo chão e se agridem, ainda que um apanhe mais, não é *bullying*, mesmo que os dois continuem "de mal" ou tenham novos problemas: não foi ação repetida nem premeditada. O *bullying* envolve *sempre* situação covarde e desigual, na qual a vítima não consegue se defender. E não ocorre às claras, daí a dificuldade de as escolas detectarem.

Percebo atualmente uma tendência de se classificar como *bullying* qualquer conflito entre pessoas ou grupos. Já li matérias jornalísticas em que se acusava um professor de praticar *bullying* contra um aluno, quando na verdade ele estava chamando sua atenção por atitudes socialmente inadequadas na escola. É preciso cuidado, portanto, para evitar enganos.

É importante lembrar que o *bullying* não é fenômeno novo, embora atualmente, dada a facilidade de aquisição de armas e a exposição repetitiva de casos semelhantes nas mídias, pareça estar de fato havendo mais casos – que podem terminar em novas tragédias.

Por isso, antes que todo mundo fique com medo de todo mundo, saber exatamente o que ocorreu ou vem ocorrendo em cada situação é o que pode permitir que se distinga o fenômeno *bullying* dos demais.

Quando alfabetizar

Volta e meia a discussão sobre qual o momento mais adequado para a alfabetização se reacende. E voltou à tona com força total, devido à obrigatoriedade da Educação Infantil, agora definida em lei, e que acarretou a entrada de expressivo número de crianças mais cedo nas escolas das redes públicas de ensino. De acordo com as normas legais, a criança só será alfabetizada realmente nas 1ª e 2ª séries do Ensino Fundamental. Ocorre que, sem dúvida alguma, boa parte delas se apresenta em condições de aprender a ler mais cedo, graças exatamente ao trabalho das pré-escolas.

Do meu ponto de vista, o foco prioritário deve ser definir, com segurança, o estágio de desenvolvimento e a prontidão da criança para a fundamental aprendizagem da leitura e da escrita – e não com que idade cronológica fazê-lo. O mais importante é garantir o desenvolvimento qualitativo das habilidades e competências necessárias à alfabetização.

A pré-escola eficiente deve, portanto, antes de qualquer coisa, trabalhar focada na socialização e no incremento dos pré-requisitos para a leitura e a escrita. Vale ressaltar que, com a maioria das mulheres no mercado de trabalho, a cada ano que passa chegam às escolas crianças mais jovens nas creches e maternais. Uma clientela, portanto, em grande parte composta por crianças ainda não socializadas, o que muda os objetivos e as tarefas a serem empreendidas nesse segmento do ensino.

Ter esse dado em mente torna-se ainda mais importante, sabedores que somos de que a infância da atualidade já se encontra, bem cedo, compartimentada por horários: mesmo bebês e crianças de um aninho já têm hora para acordar, lanchar, brincar, sair e voltar para casa. Por isso, cresce o compromisso da Educação Infantil com *o brincar*, atividade que sabidamente favorece o desenvolvimento intelectual, mas que, além disso, é vital para uma infância sadia, física e afetivamente. Cabe, portanto, a essas escolas também prover seus alunos com atividades que os deixem continuar sendo crianças – pelo tempo que for necessário.

A escola de Educação Infantil tem, portanto, dois grandes objetivos. Por um lado, ser a agência afetivo-educacional onde a criança – ausentes que estão os responsáveis por praticamente todo o dia – encontrará segurança, afeto, proteção e aprendizagens necessárias ao crescimento social saudável. Em outras palavras, a Educação Infantil deve prover ou dar continuidade (conforme o caso) à *socialização básica*, na qual aprendem a brincar, a dividir espaços, atenção, brinquedos e até mesmo os amiguinhos mais queridos; onde farão suas primeiras aprendizagens relacionais e também, mas não menos importante, onde sofrerão suas primeiras rejeições e dificuldades, tão importantes quanto suas primeiras realizações e vitórias. A Educação Infantil será tanto mais bem-sucedida quanto conseguir suprir aquilo que, há algumas décadas, se alcançava com a ação continuada da família.

O segundo grande objetivo é dar suporte cognitivo qualitativo e adequado, que propicie, a seguir, a aquisição de aprendizagens como da leitura e da escrita, por exemplo, mas não somente. As competências e habilidades que são trabalhadas e desenvolvidas nessa fundamental etapa do ensino irão constituir a infraestrutura intelectual que suportará uma gama variada de novos conhecimentos nas séries subsequentes.

Não por outra razão, o sucesso das escolas do Ensino Fundamental está atrelado ao trabalho anteriormente desenvolvido na Educação Infantil. A esse respeito, vale lembrar os estudos que comparam o desempenho de crianças *com* e *sem frequência* à pré-escola. Em muitos casos, o fracasso da alfabetização se deve exatamente pela falta desses pré-requisitos que a Educação Infantil propicia.

Essa a razão por que políticas educacionais de Estado bem-sucedidas incluem crianças mais cedo na escola. A estimulação precoce já é comprovadamente o arcabouço da construção de futuras aprendizagens. E é essa a luta que hoje se está travando no país: colocar todas as crianças em escolas de qualidade, em todo o Brasil.

Essa é a discussão que importa.

Autoestima e limites

Autoestima (autoimagem ou amor-próprio) é a forma pela qual o indivíduo percebe seu próprio eu. É o sentimento de aceitação (ou não) da sua maneira de ser. Se a pessoa se percebe de forma positiva, valorizando suas características, forma de ser e de agir, dizemos que tem *autoestima elevada* ou *positiva*. Se há inconformidade entre o que é e o que gostaria de ser, diz-se que tem *baixa autoestima* ou *autoestima negativa*. Indivíduos com baixa autoestima têm possibilidades maiores de apresentar problemas como depressão e insucesso profissional, entre outros. O risco de fazerem uso de drogas e tornarem-se dependentes químicos é também mais elevado. Em geral, também são mais manipuláveis e com mais facilidade cedem às pressões de grupos aos quais desejam pertencer. Daí porque, dentre as medidas de prevenção ao uso de drogas, inclui-se hoje o trabalho no sentido de melhorar a autoestima.

Desde pequena, a criança – através das experiências vivenciadas – vai incorporando ideias sobre si que influenciarão atitudes posteriores. Pais e professores têm peso na formação do conceito, embora não sejam os únicos. Mesmo pequena, uma criança pode se sentir menosprezada quando não levam em consideração seus sentimentos, se não é ouvida com atenção, se lhe dão ordens aos gritos ou ainda quando não há respeito por ela. Para avaliarmos se *tratamos com respeito nossos alunos (ou filhos)*, pode-se começar tomando por base os itens acima. Muitas pessoas relacionam-se com vizinhos e amigos com educação e deferência, mas não fazem o mesmo com crianças.

Para fortalecer a autoestima, deve-se procurar *descobrir e ressaltar as qualidades de cada um*, evitando, o mais possível, comparações – especialmente as desabonadoras. Todos nós temos, desde a infância, características de personalidade que nos diferenciam e individualizam. É claro que determinados traços – a capacidade de fazer cálculos matemáticos com rapidez, por exemplo – são valorizados e tidos como qualidades, enquanto que outros – a timidez, por exemplo – são encarados como "defeitos". Se os adultos passam a maior parte do tempo ressaltando aquilo que a sociedade convencionou chamar de "defeito", a criança tende a se ver como incompleta ou incapaz, o que, sem dúvida, irá contribuir muito pouco para que tenha autoestima elevada. Se, ao contrário, as qualidades e virtudes são ressaltadas e devidamente estimuladas, a possibilidade cresce bastante.

Confiar na criança é também essencial. Portanto, se ela lhe relata algo e, em seguida, você vai "tirar a limpo" o fato, é claro que sentirá que não acreditam nela. A criança reflete a imagem que os pais/professores têm dela. Se não lhe dão crédito, tende também a não crer em si. Além disso, é preciso demonstrar confiança na capacidade de ela realizar aquilo a que se propõe. Se diz que vai fazer uma pintura para a vovó e é estimulada alegre e confiantemente ("Ah, sim, faça isso... Sua avó vai ficar orgulhosa!"), acreditará na sua capacidade.

Outro fator importante é *não criar expectativas exageradas*. Se desde pequeno você começa a dizer para seu filho, a família e os vizinhos tudo que "ele vai ser quando crescer", pode estar ativando um nível de metas que a criança nem sempre se sente capaz de alcançar, tornando-a ansiosa "por fazer coisas sensacionais". As realizações simples do dia a dia – que, aliás, deveriam ser metas suficientes para todos, como passar de ano, tirar notas boas, ser colaboradora – acabam obliteradas pelo desejo, por exemplo, de ser o melhor da classe, ter o maior salário ou ser alguém muito famoso. Menos do que isso será considerado sempre muito pouco e, obviamente, motivo de frustração e baixa autoestima.

Por outro lado, também importa incentivar a criança a vencer limitações sem fazer com que se considere um super-herói, acima ou melhor do que os colegas, adotando posturas prepotentes ou de menosprezo pelos demais.

Separar o ato do autor também contribui positivamente. Quando seu filho (ou aluno) fizer algo inadequado, evite generalizar; não o critique como pessoa. "*Eu já sabia que você era um preguiçoso, mas agora, depois desse boletim, tenho certeza*" ou "*Nem preciso perguntar quem quebrou o abajur da sala, o desastrado da casa, quem mais?!...*" – Nada mais eficiente do que ataques ao indivíduo para fazer com que a criança confirme suas suspeitas: "*Sabia que não adiantaria lutar.*"

A confirmação da suspeita de que não tem valor pode consolidar o conceito de menos-valia. Se, ao contrário, ao chamarmos a atenção fixarmos o ato em si ("*Isso não combina com você*" ou

"*Tenho certeza que você pode fazer melhor*"), estaremos favorecendo o crescimento pessoal e a superação do problema, sem abalar a autoestima. As censuras devem dirigir-se ao fato concreto, e não a características da pessoa. Isso vale para adultos, também.

Se, por um lado, é essencial que as crianças cresçam com autoestima positiva, por outro é importante rever a inter-relação com a questão dos limites. Muitos pais e professores ficam de tal forma absorvidos pelas questões que envolvem a *psique* (estrutura mental ou psicológica dos indivíduos) que esquecem de trabalhar outras tão importantes quanto, com graves prejuízos para todo o tecido social. Os últimos trinta anos parecem ter sido os que mais mudanças trouxeram para a família. Tanto que os pais se perguntam qual é, na atualidade, o mais importante objetivo da educação.

Desenvolver autoestima elevada basta? É importante, mas não o suficiente. Há outras questões que não podem ser esquecidas. Por exemplo, pais e educadores precisam dar condições para que os jovens consigam se opor às atitudes que contrariem os princípios éticos da sociedade. E opor-se ao grupo demanda alto grau de segurança, além de limites introjetados. Significa que crianças e jovens têm que estar certos de que solidariedade, justiça e honestidade não estão "fora de moda". Precisam acreditar que, mesmo quando *parte* das pessoas não respeita esses princípios, não há a mínima condição de viver com segurança sem eles.

Criar adultos dignos – tarefa prioritária da família e da escola – depende basicamente de duas coisas: da maneira pela qual nós, adultos, vivemos o dia a dia, e da confiança que temos nos valores que guiam nossas ações. É essa confiança que permite a pais e mestres ter a segurança necessária para dizer "não" a atitudes antissociais – sem medo de que tais interditos venham a constituir elementos que "possam baixar a autoestima". É necessário não só sermos íntegros, mas também não duvidarmos da força dos nossos princípios. Quando crianças e jovens percebem nos seus mais fortes modelos (pais e professores) segurança inabalável na retidão, na cooperação, na honra – *independente do que estejam fazendo os vizinhos, parentes e amigos* –, muito provavelmente também acreditarão.

Se, ao contrário, já que há tanta corrupção e impunidade (bem como tanto medo de que crianças e jovens não tenham condições emocionais para suportar limites), e começam a lassear conceitos ou a repetir diariamente "que o Brasil não tem jeito", em que irão as novas gerações acreditar? O perigo maior para um jovem não são as drogas – é não crer no futuro e na sociedade. A falta de esperança, essa sim, é que pode levar à depressão, ao individualismo, ao consumismo exacerbado, ao suicídio, à marginalidade e às drogas. Já a convicção num caminho produtivo a ser trilhado faz com que os jovens progridam, estudem e realizem.

Muitos acham que ensinar integridade e desenvolver a autoestima são metas incompatíveis ou incongruentes. Ignoram que ambas se desenvolvem basicamente através de exemplos de vida. Se os adultos vivem de acordo com os princípios éticos que defendem, estarão encorajando as novas gerações a seguirem seus passos. Quer dizer, não mentindo, respeitando a lei, não querendo mudar as regras do jogo de acordo com as conveniências, e, especialmente, não disseminando amargura e descrença simplesmente porque nem todos agem de maneira honesta. Na maioria dos casos, a coerência entre a fala e a forma pela qual vivem será suficiente para que filhos (ou alunos) acreditem nos valores.

É a nossa integridade que serve de fundamento à construção da identidade cidadã das novas gerações.

Uma boa surpresa

Fala-se tanto sobre adolescência! É só abrir uma revista ou ligar a TV e pronto: logo encontramos as mais diversas afirmativas, sempre categóricas, sobre essa tão visada fase do desenvolvimento. Basta, por exemplo, um adolescente fazer algo socialmente reprovável para que logo se estabeleçam padrões que incluem a todos da faixa etária. É a *indústria da crise*, que divulga unanimidade onde não há. *O jovem é isso, o jovem é assim* – dá para assustar!

Mais correto seria dizer "parte dos jovens", porque é essa a realidade. O fato de se observar uma tendência por parte de um grupo não significa que obrigatoriamente todo ele se enquadra naquele perfil. As generalizações tendem a desvirtuar a realidade, empobrecendo-a. É preciso cuidado com afirmativas genéricas. Elas podem induzir a preconceitos. A adolescência, que parece "encompridar" a cada ano que passa, é dos grupos que mais sofrem com esse simplismo. Na verdade, adolescentes não são o *bicho-papão* que alguns querem fazer crer. Um dos achados mais significativos do estudo de campo que empreendi há alguns anos comprova isso. Vejam e me digam se não é um excelente presente de Natal para pais e educadores.

Em geral, considera-se que adolescentes apenas *toleram* a escola. Mas um dos estudos de campo que fiz – e abrangeu 928 jovens entre 14 e 18 anos em todo o Brasil – mostrou que, pelo contrário, o adolescente gosta da escola e tem plena consciência da importância dos estudos! *Uau!* Ganharam disparado dos que afirmam que *não gostam*. Foram 92,2% os que afirmaram que *consideram estudar importante para a vida, e não imposição dos pais*. O que demonstra que a família, mesmo que o processo seja lento, gradual e meio sofrido, consegue fazer com que os valores positivos que vigem na sociedade sejam incorporados pelos filhos.

Ninguém nasce sabendo que é importante estudar, mas ao longo dos anos, o trabalho que, seja a família ou a escola fazem, surte efeito positivo na interiorização de valores. Aliás, a esse respeito, e a despeito do que se diz por aí, a percepção dos jovens indicou maturidade em tudo semelhante à dos adultos: a maioria (54,9%) afirmou que, em termos de conteúdo, a escola tem coisas úteis e inúteis em igual proporção. Nada mal! Exatamente como muitos especialistas em educação vivem alertando. Além disso, 35% afirmaram que a escola tem tudo de que precisam para seu futuro – e a aprovaram integralmente! *Uau de novo!* Com relação aos professores, a tendência dominante foi de aprovação: 46,6% consideraram que a maioria dos professores tem bom conteúdo e ensina bem, contra apenas 2,3%, que julgam que a maioria tem deficiências de conteúdo e de didática. Há um percentual expressivo que confessa que "mata" aulas, principalmente quando as considera desinteressantes. Como era de se esperar, a maioria dos jovens afirmou, sem maiores pudores, que "cola sistematicamente", ou "às vezes".

Apenas 20% afirmaram não colar nunca, o que demonstra que, apesar de tudo, eles têm consciência do que fazem e, em sua maioria, assumem a responsabilidade por suas atitudes.

Não há dúvida alguma que, para pais e professores, é um alívio grande saber que a postura dos jovens em relação ao estudo e à escola é criticamente construtiva – mesmo que muitas vezes não o pareça!

Meritocracia

Meritocracia é a visão organizacional sistêmica na qual o desempenho é premiado em função da produtividade e do alcance de objetivos previamente definidos. Para funcionar, é preciso que a instituição estabeleça e comunique com muita clareza a seus membros as metas a serem atingidas. O foco, portanto, é no desempenho pessoal. Em geral, as empresas que a adotam dão liberdade quase total em relação a métodos, horários e até quanto ao local onde o trabalho será efetivado, desde que as metas sejam atingidas. A performance incrível de empresas que adotaram esse formato nas últimas décadas (Facebook e a Microsoft entre elas) tem feito crescer o número de adesões ao modelo.

Na área educacional, a meritocracia não é propriamente novidade: as escolas tradicionais funcionavam dessa forma em relação aos alunos, promovendo, divulgando e premiando de formas diversas alunos com bom desempenho. Quando a Psicologia começou a ganhar espaço no nosso meio (a partir de Carl Rogers, principalmente), progressivamente se foi deixando de lado a cultura de premiar os melhores, sob a alegação de que ressaltar seus feitos desestimularia os demais.

O tempo demonstrou o que muitos docentes sempre souberam: a antimeritocracia não só acaba desmotivando os alunos que "suam a camisa", como em nada beneficia os que são desinteressados.

Importante ressaltar que a meritocracia só funciona em prol do saber se *as metas forem realmente educacionais*. Quando ao Estado ou à escola interessam apenas resultados eleitoreiros, estatísticos ou promocionais, a meritocracia pode exibir sua pior face, com distorções como "premiar" professores que aprovem *mais* alunos, independentemente da desejável relação direta com aprendizagem de fato. Lamentavelmente, pressões desse tipo vêm sendo exercidas sobre o docente – por vezes pela família, às vezes pelo Estado e, em alguns casos, pela própria escola, temendo perder clientela.

Também aqui, infelizmente, vale a afirmativa de que tudo se pode bem ou mal utilizar. No caso, "usar bem" a meritocracia seria estimular o aprendizado *real e comprovado* dos alunos. Premiar docentes com promoções e alunos com aprovação sem o alcance de objetivos realmente educacionais seriam exemplos de como "usar mal". O problema da meritocracia é justamente esse: seus resultados estão diretamente vinculados ao que se postula como objetivo.

A volta da meritocracia às escolas tem meu entusiasmado apoio. No entanto, nesse terreno como nos demais, ela precisa ter como arcabouço a ética e a consciência de cada docente. Só assim daremos às nossas crianças o que elas precisam: o trabalho docente de qualidade e a recompensa pelos seus mais legítimos esforços.

O temido TDA-h

Distúrbio que vem preocupando pais e professores nas últimas décadas, o Transtorno do Déficit de Atenção/Hiperatividade tem recebido diferentes denominações a partir, principalmente, de 1902: Disfunção Cerebral Mínima, Reação Hipercinética da Infância, Distúrbio do Déficit de Atenção, até a atual nomenclatura, utilizada no Manual Diagnóstico e Estatístico de Transtornos Mentais da Associação Americana de Psiquiatria.

Ele costuma aparecer ainda na primeira infância, em geral antes dos 7 anos. É um distúrbio crônico, e, para efeito de diagnóstico, as características que serão em seguida apresentadas precisam ser constantes, nunca comportamentos ocasionais. Observações com esse propósito, portanto, devem ser feitas por um período de no mínimo seis meses, se possível estendendo-se a um ano.

Outro dado importante para efeito de diagnóstico é que o distúrbio se revela independentemente do ambiente onde a criança esteja, assim como também não depende do tipo de tarefa. Não é um problema de inteligência, como muitos pensam, mas sim de execução. Explicando melhor: a criança pode até saber o que deve ser feito, mas parece não conseguir concretizar o objetivo – ou pensar antes de agir.

Ainda não se sabe ao certo o que causa o problema, mas estudos recentes levam a supor que um ou vários dos elementos abaixo possam estar presentes no quadro:

- Hereditariedade (cinco vezes maior em quem tem pais com o transtorno);

- Problemas durante a gravidez ou no parto;

- Sofrimento fetal no nascimento;

- Exposição a substâncias como chumbo e fumo, entre outras;

- Problemas familiares (discórdia conjugal);

- Baixa instrução paterna;

- Funcionamento relacional caótico na família;

- Presença de apenas um dos genitores.

A prevalência é de 3% a 6% em crianças entre 7 e 14 anos, com frequência um pouco maior nas meninas. Na adolescência, são poucos os dados disponíveis. É frequente a comorbidade, ou seja, em geral o problema se apresenta em conjunto com outros. Cerca de 50% das pessoas afetadas costumam apresentar também problemas de comportamento, como agressividade, tendência a mentir, roubo, oposição, desafio a regras.

Estudos recentes comprovam que 70% das crianças com TDA-h mantêm o diagnóstico aos 14 anos, e algumas, por toda a vida.

De acordo com o desenvolvimento, os sintomas apresentam diferentes predominâncias. Nos pré-escolares, revelam-se mais como hiperatividade, dificuldades em aceitar limites e tolerar frustrações; na idade escolar, em geral, os sintomas mostram-se combinados, enquanto que, na adolescência, tendem mais para impulsividade e desatenção.

Os manuais de psiquiatria apresentam quatro tipos: desatento, imperativo-impulsivo, combinado e não específico. Conhecer os sintomas é essencial para diagnóstico e tratamento eficazes. São eles:

1) Desatento

- Não presta atenção a detalhes ou comete enganos por descuido;
- Tem dificuldade de concentração em tarefas e/ou jogos;
- Tem dificuldade de seguir instruções e/ou terminar tarefas;
- É desorganizado nas tarefas e com os materiais;
- Evita atividades que exijam esforço mental continuado;
- Perde objetos necessários às atividades;
- Distrai-se com facilidade;
- Esquece tarefas e compromissos diários.

2) Hiperativo-impulsivo

- Inquieto (remexe pés e mãos quando sentado);
- Não para sentado muito tempo;
- Pula, corre muito e sem destino ("bicho-carpinteiro"). No adulto, manifesta-se por um sentimento geral de inquietação;

- É muito barulhento;
- É muito agitado;
- Fala excessivamente;
- Responde antes de se terminar de perguntar;
- Tem dificuldade de esperar sua vez;
- Intromete-se em conversas e jogos alheios.

3) Combinado

- Apresenta sintomas de ambos os conjuntos de critérios (parece estar associado a maiores prejuízos globais na vida da criança).

4) Não específico

- Características em número insuficiente para um diagnóstico completo (ainda assim, pode desequilibrar a rotina diária).

O diagnóstico do TDA-h é complexo e delicado. É necessário considerar as múltiplas facetas do ser humano: intelectual, acadêmica, social e emocional. Também é essencial saber que outros problemas podem ter sintomas similares, como a depressão e a impulsividade.

No intuito de evitar enganos – bastante frequentes, aliás –, é fundamental considerar como mais importante o histórico clínico e do desenvolvimento. O exame médico é essencial ao diagnóstico diferencial. Também é imprescindível conjugar dados fornecidos pelos diversos adultos que convivem com a criança (professores, pais, parentes, amigos). A presença de, no mínimo, seis sintomas, de forma contínua (nunca ocasional) e pelo menos em dois ambientes diferentes frequentados pela criança (escola e casa, por exemplo) permite evitar muitos problemas, porque elimina ou minimiza a rotulação inadvertida ou precipitada.

O médico e o psicólogo são os profissionais habilitados a fechar o diagnóstico, enquanto aos pais e professores cabe a tarefa de fazer a suspeita, obtida pela observação sistemática e o extremamente útil fornecimento de dados concretos aos profissionais da área de saúde.

Vale ressaltar que a diferenciação é difícil e deve ser sempre cautelosa; confunde-se bastante a criança ativa, saudavelmente ativa, com o portador do TDA-h. Essa a razão por que, quando a suspeita persiste, a criança deve ser encaminhada aos citados profissionais, que de posse das informações da escola e da família farão o diagnóstico diferencial.

Com relação ao tratamento, o grande progresso é o reconhecimento da necessidade da intervenção precoce, bem como a consciência de que, para o êxito, são necessárias intervenções múltiplas. Em outras palavras: o tratamento deverá ser feito por uma equipe composta de vários profissionais.

Importante também é não rotular a criança: quer dizer, é preciso que tanto a família quanto os professores tenham consciência de que o problema é real – não se tratando de preguiça, falta de força de vontade ou de inteligência.

É através de encontros e troca de informações entre os diversos profissionais envolvidos no tratamento que os pais podem liberar suas dúvidas e angústias, tornando-se mais aptos a colaborar de forma proativa.

Educar para a ética

No avião, me pego pensando se, nos dias de hoje, frente a tantas denúncias de corrupção, roubo e escândalos envolvendo pessoas de alto escalão da política brasileira (mas não só, é preciso que se diga), é possível educar para a ética?

À primeira vista, pode parecer que a resposta é simples, mas é de alta complexidade. A começar pelo fato de que não existe *uma* ética para todos: trata-se de um construto humano que, como tal, vai sendo alterado à medida que os conceitos mudam. Não existe, pois, "a" ética, universalmente válida e atemporal – que o digam a Filosofia e a Antropologia!

Segundo Houaiss, ética é "*o conjunto de regras de ordem valorativa e moral de um indivíduo, de um grupo social ou de uma sociedade*", ou seja, é um sistema de valores que, na prática, nos chega através de leis, mas que também são repassados pelos membros de uma geração a seus descendentes. Significa que, para se tornar ético, é necessário aprender e incorporar à própria vida tais valores, em geral, imateriais.

A ética visa a organizar a vida em comunidade, definindo comportamentos ideais, assim como os permitidos, os tolerados e os formalmente proibidos. Estamos falando de cidadania, basicamente, porém em relação a uma cultura e época determinadas. No Brasil de hoje, por exemplo, quem seriam as pessoas capacitadas a *educar para a ética*?

Antes de mais nada, teriam que ser pessoas *eticamente confiáveis*. Porque se o objetivo é que as novas gerações adotem e vivam de acordo com os valores que estatuímos, quem educa tem que ter alta credibilidade junto aos que aprendem. Claro! Porque se uma criança percebe que o pai (ou o professor) tem discurso e prática incongruentes, dificilmente se deixará influenciar no sentido de incorporar essas regras à sua vida. Poderá, isso sim, incorporar valores contrários à ética vigente, baseados no que vivenciou com os que têm liderança sobre ela.

Se um pai insiste com o filho para que não minta (falar a verdade é um dos pressupostos éticos da sociedade ocidental), mas o menino o surpreende pedindo a um colega que invente uma "desculpa" por ter faltado ao trabalho, não se sentirá compromissado com a verdade. Do mesmo modo que outra criança se sentirá ao perceber, no carro da família, o aparelhinho que avisa ao motorista quando reduzir a velocidade para não ser multado ao infringir regras de trânsito. São aulas práticas de antiética. Assim, um jovem pode considerar natural ser o espertinho, o que mente e simula, e depreender que existe uma lei para si, e outra, diferente, para os demais. Mas pode também aprender a ter empatia e generosidade. Fica clara a importância do papel da família, da escola e dos que lideram.

O *educador ideal para a formação ética* precisa ser alguém que viva de acordo com os princípios sociais de forma tal que se tenha tornado sua segunda pele. O momento que estamos vivendo é de suma importância para todos, mas ainda mais para os jovens, que assistem à longa batalha envolvendo altas autoridades, que negam evidências de conduta antiética diuturnamente denunciadas nas telinhas. Felizmente, nossos jovens têm podido ver na prática também um grupo de bravos defendendo a ética e a verdade, não somente dissimuladores e desonestos.

O capítulo final desse imbróglio a que adultos, jovens e crianças assistimos diariamente, espero que se revele justo e ético, porque exercerá, sem dúvida, marcante papel na concepção e forma de viver das novas gerações – para o bem ou para o mal.

CONCLUSÃO

Como ficamos

Estamos vivendo um momento incrível. Momento em que milhões de brasileiros sentem que há esperança de que o Brasil se revele e reafirme como um país honrado.

Quando já parecia que nada teria solução, quando o pior ocorria – e ninguém parecia ansiar por mudança, o que todos esperávamos aconteceu! Um clamor de revolta percorreu e percorre todo o país, num movimento espontâneo e não dirigido, mas que deixa claro que nós, brasileiros, não queremos e não podemos aceitar a corrupção e a desonestidade impunes. Aliviada, agora sei que o mutismo não era aceitação, provação nem covardia. Era assombro: assombro que paralisa.

Tão constrangedoras denúncias se sucederam, e de tal monta que o mutismo da população frente a elas levou a que muitos acreditassem que adultos e jovens não estavam nem aí para o que acontecia. Mas não!

Desânimo e descrédito calaram a esperança que, a cada nova denúncia, mais desesperançada ficava. Dezenas de investigações comprovadas acabavam engavetadas, sabe-se lá na gaveta de quem. E a cada vez enterravam-se junto honra, confiança e autoestima de cada um dos milhões de brasileiros honestos que carregam nas costas esta nação.

Pior ainda é que se enterrava também a coragem de pais e professores que não conseguiam encontrar sustentação para ensinar, demonstrar e exigir, de filhos e alunos, respeito pelas autoridades e por seus semelhantes, interesse pelos estudos, motivação para o trabalho. Pode parecer estranho, mas sim, o que acontece na sociedade se reflete diretamente em casa, na escola, nos grupos. Como convencer a não colar, a não mentir, a não ser descompromissado? Na dura passagem dos anos, frente a tal realidade, muitos desistiram, achando que nada seria possível. Mas a prisão de diversas autoridades e empresários envolvidos em corrupção nos últimos anos mostraram aos que acabaram descrendo de tudo que, sim, o Brasil tem jeito! Não dormia o gigante; estava, tão somente, perplexo demais para agir.

Até o transbordo ocorrer. E aconteceu partindo dos jovens cujos pais e mestres continuaram a luta pela formação ética das novas gerações. Eles provaram que, mesmo contra a maré de descrença, quem plantou, colheu frutos. Essa maravilhosa epopeia de civismo que varreu o país mostrou que – salvo os excessos – os verdadeiros brasileiros, aqueles que não querem a vergonha como símbolo, não submergiram ao mar de lama. Famoso como o país do samba e da gente cordial, nossos jovens mostraram *de novo* (não foi a primeira vez, de forma alguma) que somos *muitíssimo mais do que só isso*. Gostamos da alegria, sim, mas também e muito mais ainda amamos retidão e honestidade.

O que a "Rua Brasil" disse foi: *somos ainda um país de maioria jovem, mas não de jovens acomodados, como querem crer*. E, sendo jovens, são deslumbrados pela vida, mas não são cegos nem surdos. Talvez tanta energética juventude, somada à beleza de tudo que nos cerca nesse país de terra, mar e gentes lindas, tenha retardado um pouco a demonstração necessária de que não aceitamos o inaceitável – nós, seus pais, seus mestres, sua família!

A "nação do futebol" mostrou – fora dos estádios e no entorno de todos eles – que jovens, velhos e crianças somos um só corpo; por isso o brado conjunto: *chega!* E assim, de norte a sul, raiou a esperança no horizonte do Brasil, em sua busca do que é justo: integridade e ética, pelo bem das novas gerações.

"Chega" digo eu, e dirão todos os professores – se forem ouvidos. Queremos um ensino de qualidade para todos os brasileirinhos, seja na rede pública ou privada. Queremos que todos, todos mesmo, de norte a sul do Brasil, tenham direito a ler e a compreender não apenas a leitura factual ou a que se revela à superfície, mas também e principalmente o que está por baixo dela.

Queremos todos os brasileiros pensando, analisando e, especialmente, compreendendo o que cada atitude sua ou dos que o cercam traz como consequência para si, para seus entes queridos e para toda a sociedade.

E para nós, docentes, queremos medidas que possibilitem nos qualificarmos mais e mais; e que possibilitem resultados positivos de verdade. Não queremos mais mudanças que só beneficiam as estatísticas.

Queremos atitudes e leis que nos restituam a autoridade legal e legítima, sem o que é quase impossível persistir na profissão, e ter os resultados de qualidade que podemos e precisamos ter; queremos que respeitem, ouçam e considerem o que pensamos e vemos ocorrer nas salas de aula. Considerem – e operacionalizem!

E, finalmente, precisamos e queremos que saibam que não lutamos apenas por bons salários – embora, claro, o mereçamos.

Especialmente queremos o *mesmo respeito* que têm profissionais de outras categorias.

Que assim seja – para o bem do Brasil e dos brasileiros!

Impressão e Acabamento:
LIS GRÁFICA E EDITORA LTDA.